"Échale ganas, compadre. Tú puedes."

¿De veras puede? Me pregunto, ¿qué puede hacer en esos momentos para echarle ganas?

Por supuesto creo en la fuerza de la actitud positiva, pero hay momentos en que verdaderamente esas palabras salen sobrando o pueden, incluso, incomodar a quien las recibe en momentos álgidos.

Regresando a la historia inicial de este capítulo, ¿en serio no pasa nada con quien tiene pavor de que sus riñones dejen de funcionar y requiera diálisis periódicas o un trasplante de riñón? ¡Claro que sucede algo! Y por supuesto no somos psíquicos para asegurar que no pasará nada o que todo se solucionará de la mejor manera.

Puede ser que en este momento te preguntes por qué titulé el libro que tienes en tus manos así: *No te enganches #TodoPasa*. Porque en el fondo del corazón tú sabes que todo pasa, hasta el dolor más grande pasa, hasta la pena por un adiós siempre pasará y pasará también el tiempo en que un ser humano deje de sufrir, ya sea por la adaptación, la sanación o la liberación que sólo la muerte puede traer.

Sin embargo, usar una frase así, solita, para reconfortar en un momento de crisis puede caer como agua helada si no se agregan otras palabras que pueden ayudar significativamente.

> **"Me duele lo que estás pasando.**
> **Sé que la incertidumbre es enorme**
> **pero es momento de aceptar**
> **lo que ocurre. A lo que venga,**
> **deseo que tengas la fuerza y entereza**
> **para sobrellevarlo."**
>
> **¿No crees que se escucha más**
> **razonable y esperanzador?**

Creo que el primer paso para superar una pena es la aceptación, por eso mucha gente cae en el pozo de la depresión, por no dar este importante paso:

* Acepto el dolor...
* Acepto la pena...
* Acepto que la regué...
* Acepto que me confié...

La aceptación es liberación porque dejamos de ser víctimas de las circunstancias y de la poca consideración de los demás. En esta vida podemos tomar el rol de víctimas o de responsables.

Como víctima sólo obtendremos la conmiseración de los que nos rodean, quienes nos verán con bondad deseando que nuestra pena se vaya. Es natural estar unos momentos en esa frecuencia de víctimas, pero no debemos permanecer por mucho tiempo ahí. Tenemos que dar el paso y en-

no te enganches

#TodoPasa

César Lozano

AGUILAR

No te enganches #TodoPasa

Primera edición: octubre de 2015
Primera reimpresión: diciembre de 2015
Segunda reimpresión: febrero de 2016
Tercera reimpresión: febrero de 2016
Cuarta reimpresión: abril de 2016

A mi querida esposa Tuti, con quien comparto mi vida y de quien he aprendido tanto; su gran amor y sensibilidad hace que se enganche constantemente en el dolor de la gente que conoce y deseo que este libro le ayude a disfrutar más la vida.

Siempre, a mis hijos César y Almita, a quienes amo profundamente.

A mi querida hermana y cómplice, Gabriela, a quien nunca me cansaré de agradecer su colaboración en todas mis publicaciones.

A ti, mi querido lector, querida lectora, que decidiste comprar este libro buscando estrategias para evitar engancharte en situaciones que la mayoría de las veces son intrascendentes, pero que la mente y sus pensamientos negativos desean convencerte de lo contrario, y al final de los tiempos descubres que, verdaderamente, *#TodoPasa… Gracias, de corazón.*

Índice

Introducción

* *Esto nunca podré superarlo...*
* *Jamás olvidaré el dolor que me causaste...*
* *¿Cómo superar tanta humillación?...*
* *Deseo no recordar más ese pasado...*

Y contrario a lo que pensabas, ésas y otras situaciones las superaste, las olvidaste, las entendiste, las sobrellevaste, o quizá también fuiste miembro honorario de ese grupo de personas que goza al guardar experiencias negativas y agravios como si fueran tesoros malditos, y lo único que hacen es corroer poco a poco su alma y se alejan de la felicidad.

No cabe duda, hasta el dolor más grande pasa, y si no es en esta vida, será en la eterna, pero todo pasa.

Nada es para siempre, y cambiar depende de un factor clave que modifica lo que creemos que no es posible: la decisión. Vale la pena decidir oportunamente cambiar y dejar atrás tantos hábitos y condicionamientos que nos alejan de la paz y la tranquilidad.

He querido utilizar la palabra *enganchar* para hablar de esa costumbre que tenemos de aferrarnos a lo que amamos, a lo que conocemos, a lo que no debemos hacer, inclusive, a lo que nos hace daño.

Nos enganchamos lamentablemente a las situaciones que deberíamos pasar por alto porque nos lastiman, pero nos aferramos en recordar, por ejemplo, el dolor que alguien nos causó, sin saber las razones que lo motivaron para tratarnos de esa forma, que pensamos no merecer.

Platicamos ese acontecimiento una y otra vez; lo repasamos mentalmente y nunca encontramos las respuestas ante hechos que tanto nos duelen, nos molestan o nos ofenden.

¿Por qué engancharme a lo que me daña? ¿Por qué seguir lamentándome de lo que pudo ser y no fue, o de lo que fue y no quise que sucediera? ¿De dónde viene esa terrible costumbre de repasar todo el tiempo el inventario de agravios y ofensas de quienes, en un momento de coraje o dolor acumulado, explotaron con quien menos debieron hacerlo?

¿Por qué no ponemos freno a esa acción adictiva de engancharnos en discusiones innecesarias, sin razón, sólo por el afán de ganar o exponer nuestro irrefutable punto de vista, ante quienes lo único que buscan es desestabilizarnos o salirse siempre con la suya?

Nos enganchamos en relaciones enfermizas donde el amor brilla por su ausencia. Carecemos de cordura y entendimiento, pero por miedo a las consecuencias y por temor a la soledad seguimos alimentando esperanzas en donde no hay más posibilidad de regenerar el tejido amoroso destruido.

Nos enganchamos tanto a las personas con las que más convivimos en el ámbito familiar o laboral, que somos capaces de tratar de modificar —para bien o para mal— sus vidas. Estoy plenamente convencido de que nuestra presencia puede incitar cambios en quienes tratamos y eso se convierte en eco que llegará a otros seres con los que ellos simultáneamente tratarán. Debe preocuparnos el efecto cascada que tiene la influencia de nuestra presencia en los demás, ya que podemos identificar en este momento cómo modificamos el estado de ánimo de los seres con quienes más convivimos, y que nuestra buena o mala vibra se replicará en muchas otras personas.

Estoy convencido de que llegará –si no es que ya te sucedió– un momento en el que nos enfrentaremos a la realidad de nuestra existencia. ¿Es ésta la vida que he querido y creo merecer? ¿Son las relaciones que vivo las que le dan sentido a mis días?

Y una vez conocido el sentido de nuestra vida, estaremos en condiciones de tomar uno de tres caminos con destinos totalmente diferentes.

El primero de ellos es el de seguir haciendo lo que siempre hacemos, tener las mismas actitudes de siempre. El destino es obvio, ya que seguiremos teniendo los mismos resultados, o peores, en caso de que las acciones y actitudes estén basadas en el coraje, la envida, el resentimiento y otros malos hábitos.

El segundo, buscar culpables de las circunstancias de nuestra vida, los cuales por lo general encontraremos y podremos, o no, echarles en cara lo infelices que hemos sido por haber coincidido en el mismo sendero. Así seguiremos siendo las eternas víctimas de las acciones de gente "sin escrúpulos" que no supo valorar ni entender, y mucho menos agradecer, nuestra gran valía.

El tercer camino, aquel en el que decidimos tomar las riendas de nuestra vida y convertirnos en protagonistas de nuestra propia historia, evitando a toda costa engancharnos en situaciones complicadas en las cuales hemos puesto nuestro mejor esfuerzo para resolverlas, pero que por ahora no tenemos el control de ellas, o simplemente dejamos que el tiempo y Dios hagan lo suyo.

Ese tercer camino en ningún momento significa mediocridad, tibieza o falta de responsabilidad. Es dejar fluir aquello de lo que no tenemos control o lo que, de antemano, sabemos que no tiene importancia, pero que el pensamiento o el ego a veces desmedido nos obliga a controlar o a imponer nuestra voluntad.

Desafortunadamente la mayor cantidad de problemas que tenemos obedecen a las reacciones negativas ante lo que sucede, y no por el hecho en sí; esto está condensado en una frase que he repetido en seminarios, programas de radio y televisión: "El problema no es lo que nos pasa, sino la forma en la que reaccionamos a lo que nos pasa." Ése es el verdadero conflicto, las reacciones y actitudes que ponemos en todo aquello que nos sucede. No fue que nos gritaron, sino la forma en la que contestamos o el coraje que tomamos ante esa agresión inmerecida. No fue el hecho de que nos recodaron a nuestra madre de auto a auto, sino que por regresar la ofensa nos corretearon diez cuadras y por poco nos orinábamos del miedo.

No vale la pena engancharnos a todo lo que nos hace daño, hagamos uso del derecho de admisión de pensamientos, actitudes y personas a las que les permitimos entrar en nuestras vidas. ¡Hay ni-ve-les! ¡Hasta los perros tienen razas! ¡La basura se recicla!

Basta de rebajarnos a los niveles de las reacciones humanas negativas y de permitir que tomen parte en la película de nuestra vida personajes que no deben, ni siquiera como "extras", tener un papel en la trama que desarrollamos. Si les damos tiempo e importancia, los convertiremos en "estrellas" que influirán en todo lo que sentimos, decimos y hacemos.

¿En serio, todo pasa?

Te comparto un diálogo entre dos personas que escuché en la sala de espera de un aeropuerto. Reitero, no soy metiche, digamos que Dios me ha dotado de una capacidad de escucha sumamente desarrollada y, además, como que me pone en los lugares indicados para conocer historias precisas de las que puedo obtener cierto aprendizaje. El diálogo que escuché –sin querer queriendo– fue más o menos así:

—Ando muy preocupado, me dijeron que tengo insuficiencia renal y que lo más seguro es que necesitaré diálisis cada tercer día o, en el peor de los casos, realizarme un trasplante renal... La verdad no duermo de imaginar que necesitaré un trasplante.

Se hizo un silencio incómodo por parte de quien lo escuchaba —aparte de mí, claro— con una cara de asombro. No conocía
a ninguno de los dos que entablaban el diálogo, pero como
médico no puedo dejar de sentir compasión sólo de imaginar
que no estamos exentos de padecer una enfermedad como
ésta o cualquier otra.

Después de un fuerte apretón en el hombro por parte de
quien escuchaba con atención esta historia perturbadora, le
dijo al enfermo con gran seguridad:

—¡No pasa nada! No te apures, verás que todo se arregla...

No pude dejar de escuchar una respuesta tan segura y mucho menos meditar sobre el contenido de esas palabras.

Sé que con el afán de querer consolar a quien sufre, utilizamos frases que, cuando las analizamos a fondo, a pesar
de las buenas intenciones, pueden ser contraproducentes en
situaciones críticas.

Otras frases dichas en situaciones diferentes son:

* ¡No te apures! Ya verás que te va a ir muy bien en el
  examen...
* ¿En serio te preocupa esa bolita que te salió? ¡Por favor!
  No lo hagas grande, ya verás que cuando vayas al médico te dirá que es sólo una bolita de grasa.
* ¡Te aseguro que todo se va a solucionar! No te quedarás
  sin trabajo. Todo se arreglará... ya verás.

¿Cómo sabes que estudió y que le va a ir muy bien en el examen? A lo mejor es bien burro y lleva meses disfrutando la
vida y, ahora sí, está preocupado por las consecuencias de su

flojera, pero tiene la suerte de encontrarte a ti que le das palabras de esperanza sin conocer la realidad.

¡Claro que le preocupa la bolita que le salió en alguna parte del cuerpo! ¿A quién, en su sano juicio, le tendría sin cuidado algo así? ¿Y cómo sabes que es una bola de grasa? Ni un oncólogo, con toda la experiencia que los años dan, puede afirmar al cien por ciento, con verla o tocarla, que es una bolita sin indicios de células cancerosas.

Es difícil afirmar a ciencia cierta que alguien no se quedará sin trabajo, pues no sabemos la realidad de una empresa o los antecedentes personales de quien teme perder su empleo.

Por cierto, en relación con esto último, hace varios años, un amigo que cada que lo encuentro se queja del exceso de trabajo que tiene, de la gran cantidad de responsabilidades que su jefe le otorga injustamente y de lo poco considerada que es su familia al no comprender su cansancio extremo, me compartió su temor a ser reajustado de la empresa en la que labora desde hace muchos años, ya que tenían la necesidad de disminuir costos. Obviamente dudé de que él fuera uno de los elegidos en esa crisis por todo lo que me había compartido y caí en la tentación de asegurarle o, mejor dicho, casi jurarle, que podrían correr a cualquiera menos a él. Que podría poner las manos en el fuego para afirmar que la empresa nunca haría una injusticia como ésa. Le imploré, ¡le exigí!, que no se preocupara por eso. Que disfrutara el fin de semana y que el lunes me llamara para darme la noticia de que todo marchó a su favor, entonces yo podría exclamar la frase que tanto disfruto, pues es la comprobación de mi experiencia: "¡Te lo dije!"

Pues me llamó para decirme que estaba sin trabajo... Nuevamente... silencio incómodo. *Bueno, te aseguro que es porque ¡viene un trabajo mejor!*, le dije. Y, por cierto, es fecha que no le ha llegado ese trabajo mejor.

> **Obvio que también en estos reajustes la llevan justos por pecadores, pero una historia personal es precisamente eso, muy personal y sólo quien la vive sabe la verdadera trama, puede deducir el porqué del desenlace y, sobre todo, si fue algo justo o injusto.**

La parte de la historia que yo no conocía y que supe mucho tiempo después fue que era más lo que se quejaba que lo que hacía. Él tenía sus horas de ocio que incluía como tiempo laboral y no cuidaba la forma en la que pedía el trabajo a sus subordinados, es más, no pedía, exigía de manera déspota que hicieran su trabajo.

Usamos a diestra y siniestra frases con el fin de dar esperanza a quien sufre, confortar de alguna manera a esas personas que se acercan a nosotros con el afán de descargar una preocupación o una pena. Tenemos la mejor intención de ayudar, de consolar o animar, pero no siempre las palabras que utilizamos son las más adecuadas y, obvio, es sumamente reconfortante encontrar un par de oídos dispuestos a escucharnos y comprender nuestra pena; todos lo hemos padecido.

El mundo está lleno de gente con muy buenas intenciones, y entre las grandes y muy positivas se encuentra dar ánimo a quien deseamos que supere una adversidad. Sin embargo, hay palabras que se convierten en campanas que resuenan en el viento, sobre todo para quien vive una tragedia.

¡Échale ganas! Es una de las frases más comunes utilizadas cuando no encontramos qué decir. Está la persona incapaz de mover un dedo, después de una intervención quirúrgica o un accidente, con un dolor intenso; y con la mejor intención de aportar algo que ayude a sobrellevar el trance, entramos a su habitación en el hospital y decimos la célebre frase:

trar a la frecuencia de la responsabilidad, donde tomemos las riendas de nuestra vida y veamos qué opciones hay para seguir. En esta frecuencia de verdad se pueden superar las adversidades.

Claro que puedes decir y decir que todo pasará, pero no sólo para salir del paso y querer que por obra de magia tú y las personas que tanto amas dejen de sufrir. Sería muy bueno tener dones psíquicos para convencer a quien tanto queremos o apreciamos para que no le dedique más tiempo o importancia a determinada situación donde en verdad no sucede nada. Pero la realidad es otra, sí sucede y se vale decir que deseamos de corazón que todo pase, pero con una dosis de aceptación de la realidad que por el momento no se puede modificar.

Recordé a una persona que acudió a darme el pésame cuando murió mi madre y con una seguridad tremenda, como iluminada por Dios, me dijo que mi madre pedía que no le llorara; que está muy feliz y que no quiere regresar; que allá donde se encontraba había demasiada paz y que ¡ya no le llorara ni la extrañara más! ¡Sopas! En esos momentos me le quedé viendo con cierta incredulidad –y más porque al sujeto en cuestión jamás le conocí dotes de vidente y mucho menos acercamientos espirituales de ningún tipo. ¿Me lo está pidiendo, sugiriendo, exigiendo o me está regañando? ¿Estoy oyendo bien? ¿O por el dolor que estoy viviendo ya estoy desvariando?

Creo que olvidó que cada quien vive su pena y su duelo a su manera, porque la historia personal de cada uno es diferente. Olvidó que el proceso de duelo es tan personal que no podemos compararlo con ningún otro y tampoco con ninguna persona, porque todos tenemos historias diferentes.

Independientemente de si es o no el mejor momento para recibir un consejo, ¿por qué mejor no me dijo una frase que lograra engancharme a una paz o estabilidad en esos momentos?, como: "Me puedo imaginar lo que sientes y desearía tener las palabras para confortarte, pero aquí estoy." "Deseo de corazón que estos momentos de dolor se conviertan en fortaleza." O una que me compartieron en esos difíciles momentos: "No dudes que todo este dolor que vives tiene su porqué y su para qué, te pido que recuerdes qué es lo que más disfrutaba tu madre de ti y lo hagas con más ganas como homenaje a su bella vida." Pero decir: "Sé cómo te sientes, no llores, se fue porque Dios le tenía una misión en el cielo", y demás frases por el estilo que, aunque sean dichas con la mejor intención, pueden interpretarse como insensibilidad o, incluso, como agresión, al constatar que no puedes sentir lo que el otro siente porque tú estás muy bien.

Claro que en esos momentos *sí pasa algo* y lo que desea la gente es comprensión y compasión, más que palabras. Vale mucho más un silencio prudente y una presencia que dé paz y reconforte el dolor.

Y sí, todo pasa, pero siempre con la consigna de que vale la pena tener presentes las tres *"A"* que trasforman el sufrimiento en confianza:

Admítelo, Atiéndelo y Atrévete a tomar las riendas de tu vida y, ahora sí, con la firme convicción de que #*TodoPasa*.

Enganchado a la traición

Me dijo una persona al finalizar una conferencia que no entendía, ni entendería jamás, por qué la vida había sido tan injusta con ella. ¿Por qué ninguna de sus amigas había sufrido tragedias como las que ella había padecido? Para colmo, afirmó: *"Nunca le hago daño a nadie, siempre he sido alguien que ayuda en lo posible y me podría considerar de muy nobles sentimientos."*

¿Qué tragedias? Su socia le robó la idea de una franquicia de un restaurante que estaba desarrollando desde hace más de tres años. El negocio fue todo un éxito pero, debido a una serie de tranzas, no fue incluida en ese gran logro.

Su hermano mayor le quitó la parte correspondiente de una herencia que recibió de su padre.

Y por si fuera poco: "Mi marido, después de 30 años de feliz matrimonio, me fue infiel ¡con una de mis mejores amigas!", me dijo.

Le recordé lo que hace años aprendí de un maestro de desarrollo humano: en 90 por ciento de las cosas que nos suceden, nuestras decisiones fueron determinantes, sólo en 10 por ciento no.

La reacción fue de sorpresa y enojo a la vez. "¿En qué pude participar en la infidelidad de mi esposo? ¡Yo jamás le fui infiel ni con el pensamiento! ¡A mi hermano jamás le deseé mal ni le hubiera quitado un solo peso! ¿Y mi socia? ¡De mi parte siempre recibió apoyo, aun en los momentos en los que no tenía ni en qué caerse muerta! ¿En dónde está mi decisión?"

Para este *combo* de tragedias mi respuesta fue orientada a cada uno de los tres problemas que le aquejaban:

> **Le dije que he aprendido que con el victimismo nunca arreglo ni soluciono nada; solamente tengo la conmiseración de los demás con palabras como "Pobre... mira todo lo que le pasa."**

Si ése es tu objetivo, ¡adelante! Sigue con la actitud de la víctima que todos maltratan y nadie valora, pero como ese no era el caso, agregué lo siguiente:

"En las tres situaciones tomaste algún tipo de decisión y no te lo digo para que digas una y otra vez *por mi culpa, por mi culpa, por mi gran culpa*, que tanto daño hace a millones de personas que fuimos educados a vivir con ese sentimiento como parte nuestra vida. Te lo digo con el fin de que salgas del pozo de la lamentación constante, en donde nada se soluciona."

Caso 1

En el caso de tu socia, que te quitó la franquicia por la que tanto luchaste, aprendiste la dura lección de evitar confiar plenamente en quienes no debes. Esa lección tarde o temprano nos llega a todos –me incluyo obviamente–, pero no todos la aprendemos a la primera, sino a la segunda, tercera o cuarta traición por exceso de nobleza, torpeza o confianza. Lo hecho, hecho está, y aunque tengas algunas estrategias legales para recuperar algo de lo invertido la lección fue clara.

Es precisamente en esos momentos donde tengo que agregar una dosis de fe en lo que nos sucede. Frases que refuercen el aprendizaje y aviven mi decisión de seguir adelante:

* Por algo fue...
* ¡Que le aproveche...!
* De algo me libré... ¿de qué? No sé,
  y puede ser que nunca lo sepa...
* No era para mí...
* ¡No logro nada con seguir lamentándome!

Es muy saludable recordar en esos precisos momentos, donde sientes que eres la única o el único a quien le ven la cara, que no es así. Hay millones de historias de personas que confiamos en otros pero nos devuelven de la manera más vil esa confianza.

Es también en esos momentos de dolor por la traición, cuando son bienvenidas las comparaciones y cuando uno entiende que hay personas que han sufrido situaciones peores, no para congratularnos con el dolor ajeno, sino para saber que no somos ni los primeros ni los últimos que vivimos este tipo de situaciones, y también para recordar que todo pasa, hasta el dolor tan grande que sentimos.

Duele la traición por tratarse de alguien en quien ponemos muy altas las expectativas. *Le pusimos muchas veladoras al santito* y esto es lo que sucede cuando creemos de más y esperamos de más, así lo expreso en una de mis frases matonas:

> **"Esperar más de la gente que queremos es la causa más grande de desilusión. Y dar más a quien no lo merece, también."**

Me queda claro que la vida cobra en su momento y ¡con sus respectivos intereses! el dinero mal habido. Probablemente no lo veremos, pero estoy convencido de que no se disfruta y mucho menos le rinde a quien lo obtuvo en forma deshonesta.

Durante mis prácticas profesionales, como asistente de un cardiólogo, me tocó atender a un hombre inmensamente rico, que amasó su riqueza fruto de tranzas y triquiñuelas en la política, y fue juzgado duramente por los ciudadanos. En sus últimos momentos de agonía por una enfermedad que lo fue consumiendo poco a poco exclamó: *"¡Y de qué sirvió tanto que atesoré si no lo pude disfrutar como hubiera querido!"* Y mira que el hombre en cuestión viajó a donde quiso, se hospedó y comió en los mejores lugares, vivió en una casa digna de la realeza ¿y exclamar esas palabras en el ocaso de su vida? Al estar a su lado, me preguntaba ¿a qué se refería con *disfrutar como hubiera querido*?

> **¡Todo se regresa! Llámale ley causa y efecto, pero de que se aplica, se aplica, ya que ¡todo se regresa, y multiplicado!**

Presenciamos una escena muy triste, los hijos como aves de rapiña preguntando una y otra vez cuánto tiempo creíamos que le quedaba a su padre, no por el dolor que representaba despedirse, sino porque se acercaban las vacaciones de Semana Santa y tenían sus planes, aunado a la inmensa felicidad que representaba recibir su cuantiosa herencia.

Caso 2

¿Y qué decir en relación con la traición de un hermano?, es más el dolor por pensar en lo que no debería de suceder que por lo que realmente sucede. La mente se llena de cuestionamientos por lo inverosímil de la situación:

* "¿Cómo es posible que mi propio hermano...?"
* "¡Tenemos la misma sangre...!", aunque eso no implica inmunidad contra las ofensas ni la traición.
* "¡Qué dolor tan grande para mis padres si se enteran de lo que hace...!" Y quizá ni se enteran, pero bueno, es

El hecho es que no esperamos nunca que alguien que creció con nosotros vaya a robarnos, pero llega a ocurrir, no hay vuelta atrás y tristemente hasta en las mejores familias sucede. Sin embargo, ocurre mucho más en las familias donde los problemas no se hablaron, ¡se gritaron!, donde las luchas de poder no se manejaron correctamente y los valores brillaron por su ausencia, en las familias que tuvieron padres ausentes, apáticos o poco considerados, que no fomentaron que los hermanos se procuraran y se respetaran y, por supuesto, en familias donde los padres fueron dominados por la ambición y, con tal de tener más y más, lograban sus objetivos pasando sobre quien fuera, entonces, los hijos aprendieron al pie de la letra la lección.

Son tantos los casos que conozco en los que la lección aprendida es clara: el dinero en alguien sin escrúpulos lo hace enloquecer y cometer las peores atrocidades sin importar si afecta a sus padres, hijos o hermanos.

La recomendación es una frase que decía mi madre, no sé si como lamento o si verdaderamente lo sentía: "El dinero va y viene." Y sí, es cierto. Claro que va y viene, más fácilmente para quien no tiene apegos desmedidos.

Por experiencia propia rescato dos situaciones que involucran a los dos protagonistas de historias como éstas:

Quien sufrió la pérdida de dinero o algún bien por parte de quien menos esperaba, sabe desde el fondo de su corazón que es algo que no va o no quiere recuperar y nuevamente la vida le presenta dos opciones: se convierte en víctima eterna de las circunstancias y permite que el coraje y el rencor hagan de las suyas en su persona, le muestra al mundo lo ingratos y desconsiderados que han sido con él o ella y cuenta, una y otra vez la misma historia de dolor a quien se le ponga enfrente, y revive de esta manera el agravio cuantas veces sea necesario. O como segunda opción, deja que la justicia divina y el tiempo den a cada quien lo que merece. Esto último te aseguro, es lo más recomendable.

La lección fue clara y tú sabrás si el perdón incluye seguir con la relación o poner distancia saludable de por medio.

El *debería* o *no debería* causa mucho conflicto, sobre todo cuando nuestra formación incluyó la culpa y los valores propios de lo que es correcto y bien visto.

¿Cómo dejar de hablarle a un hermano? La gente es buena para juzgar. ¿Cómo es posible que por esa situación tan insignificante te hayas distanciado de alguien de tu misma sangre?

Contesto con una frase breve de la canción que hizo célebre Raphael: "¡Qué sabe nadie!" Qué sabe nadie de lo que está detrás de una situación como ésta, ¿no será la punta del iceberg? Nadie sabe el tamaño y lo molesto que es una piedrita en un zapato, sólo quien lo calza. Las envidias no respetan lazos de sangre y por supuesto existen, gran parte de esta nefasta emoción se construye desde la infancia y toma fuerza en la edad adulta.

¿Puede un hermano envidiar a otro? ¡Por favor! Desde Caín y Abel conocimos hasta dónde puede llegar el sentimiento desmedido de la envidia y su fuerza destructiva.

Reitero, no es fácil dejar ir lo que crees que te corresponde, pero te aseguro que engancharte a lo que no puedes recuperar te quita la energía y bloquea tu camino a la felicidad y a la prosperidad.

A todos nos han robado, a todos nos han traicionado, pero no todos nos quedamos estancados en el suceso. Deja que el tiempo y la justicia divina den a cada quien lo que merece y procura no engancharte, aprende la lección correspondiente y con mayor razón en casos como éste, bendice el camino de quien tanto se benefició a costa tuya, y verás que milagrosamente la vida te devuelve multiplicado eso y mucho más.

Caso 3

El más doloroso por tratarse de la infidelidad de tu pareja, aunado a la traición de tu mejor amiga.
Le di mi respuesta porque me lo solicitó. En pocas palabras le dije que desconocía su vida privada y su relación matrimonial, pero hay ciertas cuestiones que difícilmente analiza quien se considera víctima de una infidelidad:

1. ¿Hubo cambios en sus hábitos que no quise ver? Los cambios son visibles, pero cuando no se quiere ver o no se desea perder la confianza, nos podemos cegar ante lo evidente. *No hay peor ciego que el que no quiere ver* y en la relación de pareja es evidente. Los problemas están ahí, tangibles, visibles, pero no falta quien quiere ocultar esa *basura* bajo el tapete y aparentar que todo está bien.

2. Se apartaba para hablar por celular o enviar mensajes, o pasaba horas y horas en la computadora. Y lo más característico, cerraba la imagen en la pantalla al acercarme por alguna razón.

3. Menos muestras de afecto o más cariñoso que antes. Esto es típico. Si sus muestras de afecto son generalmente constantes ahora disminuyen, o si su sequedad es mayor que un árbol tropical en el desierto y de pronto sus muestras de cariño o aprecio son evidentes, pensarás ¿qué le picó? O en su defecto, ¿a quién pico?

4. Euforia sin razón aparente. Anda feliz cuando en su estado natural no lo es.

5. Se cuida más. De repente, le toma importancia de más a su aspecto personal. Quizá probablemente lo hacía pero con menos esmero, o antes le tenía sin cuidado y ahora no.

6. Sus celos se incrementan cuando existe infidelidad pues, generalmente: *El león cree que todos son de su condición.*

7. ¿Me lo advirtió? Con frases a las que probablemente no les di importancia, pero que pueden guardar cierto resentimiento y motivan a la acción; por ejemplo:
   – ¿Me acompañas a este lugar? ¿No quieres? Bueno, ya encontraré con quién ir –risas–.
   Luego, viene una corrección:
   – No te creas, estoy jugando.
   – ¿No tienes ganas? Bueno, ya veré con quien.
   – No te creas. Es broma –sí, cómo no.

8. ¿Qué hice o qué no hice para que esto haya sucedido? La pregunta más importante y que generalmente no se formula quien sufre la pérdida de confianza: "¿Qué hice o dejé de hacer para que sucediera?" Difícilmente aceptamos cuando descuidamos una relación y sin afán de justificar la infidelidad, el descuido es la razón más común.

Por supuesto las comparaciones son odiosas pero no cuando se trata de superar una adversidad. Hay millones de personas que han sufrido una infidelidad y han perdonado o no, pero han salido adelante. Muy pocas se quedan en el pozo del dolor por mucho tiempo. Hablar de cifras de hombres y mujeres infieles, es sumamente complicado porque varía dependiendo de la zona geográfica, pero lo que sí es seguro es que ha ido en aumento en todo el mundo.

Según una eminencia en el tema, el psicólogo Regnar Beer, 44 por ciento de los hombres casados son infieles, así como 36 por ciento de las mujeres. Obvio, tu pareja no está en esa cifra.... pero sólo lo admiten 28 y 18 por ciento, respectivamente.

**Razones hay muchas y muy variadas.
Desde la teoría –no comprobada– de que
los hombres somos polígamos
por naturaleza hasta las siguientes,
que sí son comprobadas:**

1. Infancia. La imitación de las conductas aprendidas en el caso de la infidelidad es una realidad.

2. Descuido de la relación, permitiendo la rutina y la monotonía.

3. Búsqueda de nuevas experiencias: 50 por ciento de los infieles dicen que son muy felices en sus matrimonios y 90 por ciento traicionan con personas menos atractivas, según Noel Briderman, un empresario (ahora millonario) estadounidense. En su sitio web se presenta como *el rey de la infidelidad*, aunque está felizmente casado y es padre de dos hijos. ¿El motivo? Es el creador de una página dedicada a quienes quieren tener una aventura extramatrimonial donde pueden conocer gente con las mismas inquietudes, recibir consejos y trucos para no ser descubiertos. Actualmente atiende a 13 millones de personas de todo el mundo y sigue creciendo.

4. Idealizar a tu pareja como una persona que jamás sería desleal y te confías sin poner claramente las "reglas del juego".

5. Momento de locura. Fruto de una decisión no pensada o por el influjo del alcohol o drogas que inhiben

las limitaciones que naturalmente tenemos. Esos momentos en los cuales no medimos las consecuencias de nuestros actos y posteriormente nos causa arrepentimiento.

La infidelidad siempre duele, sea descubierta o confesada. En un inicio el enojo y el orgullo no te dejan pensar y no ves la mínima posibilidad de reconciliación.

¿Cuándo luchar por una reconciliación y cuándo no?

1. ¿Hubo sentimientos de por medio? No es lo mismo una noche de locura a una infidelidad con tu mejor amiga o amigo.

2. ¿Tu pareja sigue negando lo que tú viste claramente? ¿Y todavía la o lo defiende?
"¡Con la licenciada Sánchez no te metas! ¡Es una mujer casada y muy religiosa!" (Casi casi digna de iniciar su proceso de beatificación).

3. ¿Hay mucho o no hay nada qué rescatar de la relación? ¿Vale la pena luchar por alguien que a leguas se nota que le tiene sin cuidado la relación?

Recuerdo el caso de Sara, con 25 años de matrimonio, dos hijos adolescentes y múltiples conflictos principalmente económicos por los excesos de Luis Carlos, su marido, quien tomaba hasta embriagarse desde la juventud de una a tres veces por semana y eso era motivo de inestabilidad en todos sus trabajos. Nunca aceptó ayuda profesional, ya que ante la sugerencia de buscarla solía responder:

—*¿Alcohólico yo? ¿Qué te pasa? ¡Cuando quiera dejo de tomar! En cualquier momento que lo decida dejo la bebida.* Pero nunca lo decidía…

Para cubrir los gastos de educación y mantenimiento de la casa, Sara trabajaba ocho horas diarias como maestra de secundaria en un colegio. Ella, harta de luchar contra eso, se encontró, casualmente, en el celular de Luis Carlos mensajes muy comprometedores con una amiguita. Con celular en mano, lo confrontó hecha una furia, ¿y él?, ¿qué hizo? Utilizó la estrategia más común en una infidelidad:

—*¡Claro que no! ¡Se equivocó Eugenia! ¡El mensaje era para su marido y sin querer me lo envió a mí!*

El problema es que no era sólo un mensaje. Era todo un diálogo donde, curiosamente, el marido se llamba Luis Carlos y le decía en repetidas ocasiones cuánto la extrañaba y que quería repetir lo vivido hacía dos días.

—*¡No sé qué pasó! ¡Te lo juro mi amor!* (porque en crisis así son capaces de jurar pidiendo el perdón divino, ante tal urgencia con tal de salvar su matrimonio).

Al contarme su conflicto le sugerí buscar ayuda profesional, pero también le formulé la siguiente pregunta:

¿Hay mucho qué rescatar en esa relación?

Obtuve un largo silencio como respuesta. Ella no buscó ayuda. Tomó la decisión de terminar una unión que desde hacía mucho tiempo no existía y se había convertido en un verdadero infierno.

* ¿Por qué luchar por lo que desde hace tiempo ya no hay? ¡Por el ego! ¡Por orgullo!
* "¿Por qué yo? ¿Por qué a mí?"
* "¡Eso sí no se lo voy a permitir!" O sea, sí permites que la relación esté en crisis desde hace mucho tiempo, pero la infidelidad no.

¿PERDONAS O NO?

Seguiré recomendando siempre el perdón, por las razones que te he manifestado en éste y en mis anteriores libros.

He sido testigo de los lamentables estragos que ocasiona el resentimiento acumulado, fruto de la ausencia de perdón. Pero la decisión final siempre es de quien está involucrado y desempeña el papel de víctima.

Por supuesto, no es tarea fácil. El perdón es una decisión personal, voluntaria y consciente para la liberación sobre una situación o hecho que te ha causado dolor, alejándote del rencor o las ganas de castigar o de tomar venganza.

Duele el hecho por la interpretación que nuestra mente le da, bien lo dijo Epicteto:

"Lo que inquieta al hombre no son las cosas, sino las opiniones acerca de ellas."

Hay quien decide no perdonar y punto. Con sus lamentables consecuencias.

> **Quien decide perdonar, lo hace con alguna de sus cuatro variantes:**
>
> 1. Te perdono, pero no te quiero volver a ver.
>
> 2. Te perdono, pero por nuestros hijos seremos amigos.
>
> 3. Te perdono, pero te lo recordaré toda tu vida.
>
> 4. Te perdono y vamos a luchar juntos. Detectas un arrepentimiento auténtico y, además, hay mucho que rescatar.

Mario Guerra, psicoterapeuta, *coach* ontológico certificado, autor del libro *Los claroscuros del amor*, de la misma casa editorial a la que pertenezco, me comentó, claramente y en forma directa en mi programa de radio, lo que NO es el perdón, y me permito compartirlo contigo por la gran confusión que ocasiona el término:

Perdonar...

* **NO** es olvidar. Estoy seguro de que, al igual que un servidor, tenemos muy buena memoria y la confusión más frecuente es no perdonar porque no puedes olvidar la ofensa. ¿Quién te dijo que perdonas cuando olvidas? ¡No es Alzheimer! Es imposible borrar acontecimientos que te marcaron para bien y te hicieron sumamente feliz, al igual

que acontecimientos que te dañaron profundamente.

* *NO* es estar de acuerdo con la otra persona. Perdonarte no significa que avalo tu comportamiento.

* *NO* es tampoco minimizar lo sucedido, ni lo acontecido ni el dolor que me causó.

* *NO* es para nada un sinónimo de debilidad. Ni mucho menos el permiso concedido de que como ya perdoné una vez, puedo perdonar más veces.

* *NO* es negar o reprimir emociones. Por supuesto que no es tragarse el enojo y aguantar. Es expresar el dolor y a través de la emoción buscar soluciones.

* *NO* implica necesariamente una reconciliación. Considero que esta definición es la más importante y la que causa un sinfín de conflictos. Pero no confundas, déjalo claro: perdono, pero no seguimos.

> *Te perdono, pero por mi bien pongo distancia de por medio.*

Imposible para mucha gente seguir cuando en el fondo no ha podido superar el dolor. A veces es necesario el tiempo y una distancia razonable para intentar enmendar el dolor.

Te comparto una de mis frases matonas:

> **"Perdonar es el acto de amor más grande, pero ganarte el perdón es la responsabilidad más grande."**

Enganchado a quien no te quiere

Seamos sinceros. La gente no siempre nos aprecia o nos quiere como la queremos nosotros. Los afectos difícilmente pueden compararse y quizá cuando dices: "Te quiero mucho", recibes un insípido y escueto: "Yo también", lo que suele encrespar a quien ama más.

En todos los niveles de nuestras relaciones, hay personas a las que queremos mucho y desearíamos pasar la mayor parte de nuestro tiempo en su compañía, sin embargo para nada tienen la misma intención, y por más que nos esforcemos en ser amados de la misma manera, perderemos irremediablemente nuestro tiempo y energía en lograr algo prácticamente imposible.

De la misma forma, hay quienes desearían estar más tiempo con nosotros pero nuestras prioridades y nuestro sentir no están en la misma sintonía. Puedes comprar afecto, mediante regalos, chantajes emocionales, favores, préstamos y demás, pero muy en el fondo de tu corazón sabes que la razón de la reciprocidad es algo que tú diste, incluyendo la compasión –por no decir lástima– y sé que probablemente es algo crudo de aceptar, pero es algo que se aprende con el paso del tiempo y fruto de muchas decepciones. *Duele terminar una relación cuando de tu parte hay tantas muestras de amor, afecto, detalles de todo tipo, incluyendo entrega desmedida; cuando más necesitamos del otro.*

Recuerdo la historia Sandra, enamorada desde la secundaria de Fernando, quien veía en ella una gran amistad y solamente eso, una gran amistad.

Aunque Sandra entendía que no había amor verdadero, nunca perdió la esperanza de que un día Fernando *abriera los ojos* y el entendimiento, y aceptara que jamás encontraría a nadie que lo amara como ella.

Pasaron los años y Fernando tuvo dos novias, lo que ocasionó un dolor inmenso en Sandra, quien frecuentemente afirmaba que eran amores fugaces e inmerecidos para él.

Un lamentable accidente dejó a Fernando grave por varias semanas y gracias a los cuidados oportunos de quienes lo atendieron, libró la muerte, pero quedó incapacitado para trabajar alrededor de un año. Su novia en turno estuvo unas cuantas semanas y, después, por arte de magia, se esfumó.

Ya podrás imaginar quién fue la que nunca se separó de su lado, además de su familia, claro. Exacto, ¡adivinaste! Ahí estuvo nuestra valiente e ilusionada Sandra, a su lado incansablemente, ayudándolo en todo lo que necesitara y hasta en lo que no. Comprando regalos para mejorar su ánimo y diciéndole que nada le faltaría porque ella se encargaría de todo; o séase, manteniéndolo por el tiempo que fuera necesario. Enganchada a lo que ella misma decía, era su verdadera felicidad, ayudar al *amigo* de toda su vida.

La familia se sentía comprometida por tantas muestras de solidaridad y entrega. Le decían a Fernando en repetidas ocasiones lo buena y noble que era Sandra, ¡hasta la veían más bonita! No está de sobra aclarar que físicamente Sandra no era una deidad y Fernando... digamos que tenía su pegue.

Después de casi un año de convalecencia por las secuelas del accidente, él se sentía comprometido por tantas muestras de amor que Sandra había tenido y, ¿qué sucedió? Obvio, no tuvo, según sus propias palabras, corazón para decirle que no sentía amor por ella.

Iniciaron una relación basada en el agradecimiento, no fincada en la atracción o el deseo, en el amor mutuo o reciprocidad, ni en el deseo compartido de querer estar siempre juntos. Ese deseo era unilateral, de ella hacia él.

La relación terminó de manera dolorosa para ella, y siempre se pregunta: "¿Por qué? ¡Si lo único que le di fue amor!"

Casos como éstos se dan con frecuencia. Miles de mujeres y hombres viven una relación tormentosa por la poca expresión de amor a través de palabras o hechos de una de las partes y la ilusión demediada de la otra, quien espera siempre que algún día suceda un milagro, que el otro empiece a valorar todo lo que tiene a su lado y no ve.

Perdona lo imperdonable por amor. Soporta lo insoportable por ese mismo amor, pagando una factura que su ser resentirá por mucho tiempo.

* ¿Dónde queda la dignidad?
* ¿En qué lugar de tu escala de valores queda tu amor propio?
* ¿En qué momento decides seguir esperando migajas de amor y te ciegas ante una realidad dolorosa por esa necesidad de ser amada o amado?

Desde niños sentimos la imperiosa necesidad de tener compañía y no ser abandonados nunca. Cuando un bebé presiente lo anterior, de inmediato viene el llanto que representa un grito de ayuda para evitar la soledad.

Al paso del tiempo se queda esa sensación de miedo de estar solos o ser abandonados, la cual perdurará si no la trabajamos en forma positiva y sobre todo con conciencia. Ese miedo universal de no ser merecedores de amor o miedo al abandono o a estar en soledad, es la raíz de muchos problemas en las relaciones de pareja, que buscan exclusividad y evitar que el otro disfrute, incluso, que esté mejor sin su compañía.

Somos imanes que atraemos irremediablemente a personas con las mismas características o que están en la misma frecuencia. Si no lo crees, sólo voltea a tu alrededor, observa a tus amistades y verifica cuántas mujeres que se sienten poco merecedoras constantemente se lamentan de su realidad, atraen a su vida a hombres conflictivos o problemáticos y su queja continua es: "¿Por qué la vida pone esas terribles *pruebas?*

El primer novio la abandonó; el segundo era un alcohólico que no aceptaba su enfermedad y mucho menos buscaba ayuda, el tercero le fue infiel con su mejor amiga y el cuarto −en turno−, la maltrata constantemente, aunque dice que en el fondo la quiere y mucho, pero que sus problemas con su exesposa lo traen alterado −¡sí, cómo no!− ¿Así o más conflictiva su vida?

Lo que no acepta es que ¡el principal cambio debería de estar en ella! Atrae gente similar a la frecuencia en la que se mueve. Se engancha con quien no debe y, muy en el fondo de su corazón, cree ilusamente que a ella le corresponde salvarlo o sanarlo. ¡Atrae cada espécimen a su vida!

Si por el contrario, te sientes merecedor de amor, das a través del servicio a los demás, sonríes frecuentemente, aceptas y brindas halagos, y haces sentir importante a la gente que te rodea, irremediablemente atraerás a personas en la misma sintonía.

¿Te gusta servir y hacer sentir importantes a los demás? ¡Prepárate! Porque hay mucha gente que se acercará a ti con la misma intención.

Me queda clarísimo lo anterior, y te lo digo porque lo he vivido. La regla de oro funciona de una manera extraordinaria y a tu favor. Dicha regla dice: *Trata a los demás como te gustaría ser tratado.* O lo que es lo mismo: *No hagas a otros lo que no quieres que te hagan.*

Difícilmente quien aplica esta regla en su trato con los demás y consigo mismo carece de amor. Pero es fundamental que la apliques así como lo acabo de expresar, quiérete, valórate, siente que mereces lo bueno y lo mejor porque deseas el bien común y evitas a toda costa dañar a los demás. ¿Por qué habría de irte mal en cuestión de amores?

Quien se engancha con quien no lo quiere, generalmente desconoce todo lo anterior, así como las altas y bajas naturales que existen en cualquier relación. Las relaciones interpersonales se parecen a un electrocardiograma. ¿Los has visto? Son los aparatos que miden la actividad eléctrica del corazón y detectan las variaciones de voltaje del órgano que recibe e impulsa la sangre a todo el cuerpo.

Si observas con cuidado, detectas que tiene altas y bajas, subidas y bajadas, y es exactamente lo mismo que sucede en las relaciones de todo tipo. No siempre estarán en lo alto, como lo desean muchos hombres y mujeres, quienes erróneamente pueden creer que si hay picos inferiores significa que ya no lo quieren igual. La bronca sería cuando la línea quede estática, sin movimiento de subida ni de bajada, lo cual en el electrocardiograma significa muerte, y lo mismo en el amor.

> **El conocimiento da seguridad, y es precisamente esa falta de conocimiento la que ha ocasionado en la actualidad tantas relaciones fallidas.**

Te recuerdo que el enamoramiento es esa maravillosa etapa que nos hace ver todo perfecto, sin que lo sea, claro. Nos enganchamos e idealizamos a la persona en cuestión convencidos de que es el ser ideal, de que no hay nadie en el mundo con tantos atributos, virtudes y valores, y de que adicionalmente está guapísima.

Para ser explícito, es un estado de alteración de la realidad donde no se razona, sólo se asume que todo está bien y sentimos que el amor todo lo puede y que esos *pequeños defectos* como su mal carácter o su falta de aseo personal o su poca duración en los trabajos –porque no lo valoran o porque ¡él nació para jefe!– son cositas sin importancia que hasta risa dan.

En la etapa inicial del enamoramiento solamente vemos y aceptamos virtudes y desechamos los defectos. ¡El tiempo va muy lento cuando estamos separados! Deseamos que vibre el celular con un mensaje de WhatsApp con su respectivo emoticón (o dibujito) de carita con lagrimita diciendo: *Te extraño, cositas... ¿Y tú?* te derrites ante tan maravilloso detalle que hace que tu corazón lata más rápido y veas todo tan bonito.

Estamos viviendo ese momento de atracción y apego que la etapa del enamoramiento conlleva, debido a tres neurotransmisores que hacen de las suyas: **dopamina**, **serotonina** y **adrenalina**, *las tres alegres comadres* que estimulan diferentes áreas de tu cerebro durante el enamoramiento.

* **Dopamina:** estimula el deseo. Este químico tiene el mismo efecto de una droga como la cocaína. Incrementa la energía, el cuerpo requiere menos comida, razón por la cual las mujeres se hacen de la boca chiquita y nunca comen como normalmente comen. "No tengo hambre", dice la mujer con una carita de ingenuidad, e ilusamente creemos que así será por siempre. "¡Mira, cositas, come bien poquito!" Además la dopamina nos hace soportar más y necesitar menos tiempo para descansar, e incrementa adicionalmente los niveles de atención encontrando placer en los más mínimos detalles. Todo lo vemos ¡bien bonito!

* La **serotonina** se reduce. Este neurotransmisor regula el coraje y la ira, además del sueño y el apetito.
* Y la **adrenalina** sube a un nivel muy alto y puede elevar la presión arterial, acelera el ritmo del corazón y estimula al cerebro a producir más dopamina.

Con estas tres alegres *comadres* argüenderas y mitoteras *(dopamina, serotonina y adrenalina),* todo se siente y se ve diferente y el pensamiento pasa a segundo plano; consideramos al ser amado como fuente de placer cual vil droga, y cuando es recíproco el sentimiento se busca esa misma dualidad en la expresión del amor.

¿Quién no cayó alguna vez en una ansiedad extrema por no saber de la persona amada durante unas horas? Obvio, el efecto alucinógeno que provoca la complicidad de estas *tres comadres* es tremendo.

Participan también otras *tres primas de las comadres:* la *oxitocina* que hace que las parejas quieran estar siempre unidas, la *vasopresina* que es responsable de hacer sentir seguridad, bienestar, intimidad y comodidad, y las *endorfinas* que son capaces de moderar dolores intensos.

Según los expertos, todas estas sustancias vuelven a sus niveles normales en un lapso de tres meses a tres años y en muchas parejas el encanto desaparece y aparece la realidad. Y si no decidimos amar y seguir con la reciprocidad de muestras de amor y servicio, todo termina, ya que empieza a molestar lo que antes nos encantaba; ya no soportas esos *pequeños defectos* que antes hasta gracia te causaban:

* "¡Que la aguante su abuela! Tiene un carácter de los mil demonios."
* "Oye, te huele el cabello re gacho."
* "¿Hasta cuándo vas a encontrar un trabajo estable?"

Y probablemente alguno de los dos reacciona y se pregunta sobre por qué ya no pueden ser las cosas como antes.

Definitivamente, al principio todos exageramos sobre las cualidades que tenemos simple y sencillamente porque estamos en el proceso de autoventa. Estamos presentando la mejor versión de nosotros mismos y queremos que sea aceptada. Dicha oferta tiene éxito y al paso del tiempo dejamos de exagerar y se presenta la verdadera versión. ¡No podemos ser actores por tanto tiempo! Gasta y desgasta muchísimo. Y con el tiempo el organismo se encarga de bajar o normalizar los niveles de neurotransmisores que hicieron que amáramos esa versión que se nos presentó.

Amar es todo un reto y una decisión diaria. Trabajar diariamente en la relación cuidando los detalles, sobre todo los que tuvimos en la venta inicial; implica dar y tener nuestro propio espacio, siempre con la consigna de no atosigar ni asfixiar.

Discutir, pero teniendo siempre en mente el objetivo de llegar a acuerdos y si en ese momento no es posible por la alteración exagerada de las emociones, pedir tiempo fuera y reanudar la plática en un momento posterior.

Evita querer tener siempre la razón y detecta a tiempo la bandera blanca de la rendición. Por supuesto que no es nada fácil, pero tampoco es imposible.

Como podrás imaginar o lo habrás vivido, amar a quien no te ama puede ser un acto heroico, ya que puedes estar cegado por las *tres alegres comadres* y *sus primas* lo que, sinceramente, con el paso del tiempo se convierte en algo desagradable.

Cuando se trata de una relación de pareja de muchos años y se vive el desencanto, el miedo de terminar y quedarnos en soledad puede representar un desgaste tremendo.

* ¿Quién dijo que la soledad es mala?
* ¿De dónde sacamos esa idea errónea de creer que la verdadera felicidad es solamente cuando tenemos una pareja?

* No siempre es así. ¡A veces es mejor estar solo que mal acompañado! Querer cambiar a los demás es algo que la mayoría se propone. Cuando se arregle, cuando mejore su carácter, cuando sea detallista, cuando trate bien a mi familia, cuando disfrute la intimidad, cuando me dedique más tiempo que a sus amigos, cuando traiga más para el gasto, cuando su familia no se meta y muchas, muchas expectativas más son las que puedes tener sobre el cambio de alguien. Olvidamos que el principal cambio está en uno mismo.

Cinco recomendaciones primordiales para que los cambios se den por sí solos después de tu propio cambio:

1. Tener primero una buena relación contigo mismo. Querer o buscar que tu pareja, amigos o hijos llenen tus expectativas es un espejismo que causa mucha decepción, y más si no expresas claramente qué es lo que quieres y aceptes si el otro está o no en condiciones de otorgarlo.

2. Cuando veas los defectos naturales de quien tanto quieres, no olvides que son producto de su historia personal. *Detrás de una persona difícil hay una historia difícil.* No es para justificar sus actos o decisiones, sino para recordar que todos tenemos nuestra historia y es en gran parte la razón por la cual reaccionamos de determinada manera. Recordemos que la gente no es ni piensa como nosotros. Tiene su propia esencia e identidad.

3. Me doy amor. Escucho constantemente a mi corazón y aprendo a recibir y a merecer. Con actitudes fundamentales para que fluya el verdadero amor y evite la sensación de carencia que atrae irremediablemente esa misma carencia de los demás.

4. Poner límites. ¿Acepto todo con tal de no perderte? Eso significa no tener respeto a mi persona y caer en el pozo de la falta de dignidad. Todo tiene un límite y generalmente yo soy quien lo pongo. Límites saludables y con amor.

> ¿En qué momento empiezo a soportar lo que antes creía insoportable?
> ¿Me merezco esto? Dos preguntas que, sin lugar a dudas, me harán tomar las riendas de mi vida.

5. Dejaré de culpar a los demás de todo lo que me ocurre. ¡Qué costumbre tan arraigada! Basta de querer encontrar culpables cuando en todo lo que me sucede hay alguna decisión personal de por medio. Algo decidí para estar viviendo esto, y de mí depende ser víctima eterna de mis circunstancias o protagonista de mi propia historia.

En ninguno de los cinco puntos anteriores sugiero cambios en los demás. Todos y cada uno de estos enunciados tienen que ver con uno mismo, que generalmente es lo que promueve los mejores resultados. Basta de seguir enganchado a quien no nos quiere. Basta de idealizar a las personas incluyendo a tus padres, hermanos, hijos y amigos.

Ellos podrán estar contigo por amor, por necesidad, por respeto, por conmiseración o simplemente porque tienen algún beneficio a tu lado. Sufrimos cuando ayudamos a quienes amamos y no vemos reciprocidad y ese sufrimiento se basa en el ego que nos dice lo que *no debió de ser*.

* "No debió ignorarme así…"
* "No debió tratarme así…"

* "No debió responderme como lo hizo..."
* "No debió ignorar que ahora yo necesito ayuda..."
* Y muchos otros más *no debió....*

Y sin embargo lo hizo o no lo hizo, lo dijo o no lo dijo, y mientras no aceptemos esa realidad, el sufrimiento seguirá presente y desempeñar el papel de víctima nunca nos permitirá progresar y superar la decepción.

Estoy seguro de que has vivido lo que significa aprender que no todos los *amigos* lo son. Los hay quienes nos buscan o procuran única y exclusivamente por un beneficio.

Probablemente tú y yo hemos recibido llamadas de alguien que hacía mucho tiempo nos olvidó y olvidamos, y que creíamos que existía un nexo sólido, después del riguroso y afectivo saludo, y las disculpas mutuas por no habernos visto durante un tiempo, expresa algo así como: "Además de hablar para saludarte, te llamo para ver si me puedes ayudar a..." ¡Claro que para eso somos los amigos! ¿Pero sólo cuando lo necesitan? Ser generosos siempre será un maravilloso estilo de vida, pero hay quienes abusan de esa generosidad y es lo único que buscan.

Tengamos en mente la consigna de no idealizar a las personas para evitar el sufrimiento. Recordemos una y otra vez que la gente es como es y no por tener un alto sentido de la verdadera amistad, quiere decir que todos deberían ser iguales. La vida sigue y engancharte con quien no te quiere de la misma forma es un verdadero desgaste y un golpe a tu autoestima.

Analiza en forma práctica ¿quién es quién y con quién puedes contar? ¿A quiénes tienes considerados como grandes amigos y no lo son?, digamos que son conocidos que la vida te ha puesto para facilitarles la existencia y para poner a prueba tu gran solidaridad y servicio.

¿Quiénes te frecuentan solamente por un beneficio y no has querido aceptarlo? No te enganches en algo tan natural como lo anterior. Aceptemos que tú y yo también hemos actuado igualmente por un beneficio y no por eso deseamos ser juzgados.

Es parte de la vida y aceptarlo sin engancharte en emociones negativas será siempre una muy buena opción.

¿Y qué me dices de la propia familia? Suceden situaciones similares, aunque duela aceptarlo. No todos los hermanos piensan igual y reaccionan igual ante las muestras de afecto.

Si son varios, confirmas que el nivel de aprecio no es ni tiene por qué ser el mismo. Hay diferencias que nos unen o nos separan y, de nuevo, los *no debió* entran en juego.

* "Mi hermano no debió haber hecho esto o aquello".
* "¡Somos de la misma sangre!"
* "¿Cómo se le ocurre defraudarme así?"
* "¡Yo nunca lo haría!"

Bien dicho. Tú nunca lo harías y a lo mejor yo tampoco, pero él no es ni tú ni yo. Él o ella piensan en forma diferente y lo que para tu escala de valores no está permitido, para tu hermano o hermana sí.

Y duele mucho más cuando se trata de un hijo o un padre que no es como *debería ser.* No nos tratan o aceptan como *deberían* y por no sentirnos amados como *debía ser,* entramos al círculo del sufrimiento, en el cual nadie gana y todos pierden.

¿Dónde está escrito que la gente debe de ser como uno dice? Aceptemos esas diferencias como parte del gran aprendizaje que representa la vida y sigamos nuestro camino.

Decido no engancharme en estas diferencias naturales que todos tenemos y que difícilmente cambiaremos en los demás. ¡La vida es mucho más que una persona! ¿No? ¡Basta de seguir rindiendo culto al sacrificio! ¡Basta de creer que la soledad es sinónimo de fracaso o tristeza! Eso solamente tú lo decides.

Te comparto una de mis frases matonas, que se aplica perfectamente al amor sin medida y no recíproco, en todos sus niveles:

> **"Por tus sueños renuncié a mis sueños, por tus gustos renuncié a mis gustos, por tus problemas renuncié a mis alegrías ¿y sabes qué? ¡Eso NO es amor!"**

No olvides que mientras no aprendas a estar contigo en soledad, no podrás estar con nadie en armonía.

En lugar de engancharte a quien no te ama, mejor recuerda los cinco hábitos que la Universidad de Boston publicó en relación con la verdadera felicidad. Los investigadores concluyen que el proceso de la felicidad no es tan complicado como parece, incluso puede ser contagiosa:

1. La perseverancia y la felicidad son lo opuesto a la depresión, pues las personas que saben sobreponerse o que no se enganchan a las adversidades son más felices que quienes no pueden superar un fracaso o una decepción.

2. Las cosas más pequeñas y sencillas, incluso las que son insignificantes para algunos, son lo que hace más feliz a otros. El valor es algo personal, no monetario.

3. Basta de rutina. Tal y como lo demostró un estudio adicional publicado por *Applied Research in Quality of Life*, el pico más alto de felicidad lo tiene la gente mientras *planea* sus vacaciones, debido a que genera sensación de esperanza.

4. Cuando haces lo que te gusta, queda la sensación de que el tiempo transcurre sin darte cuenta. Hacer cosas que te hagan disfrutar cada momento siempre será una excelente opción para evitar engancharte a quien no te quiere o no te merece.

5. Somos espejos y nos reflejamos constantemente en los demás. Entre más sonrías, más sonrisas obtendrás. Procura poner al mal tiempo buena cara. Acepta las lecciones que te corresponden y sigue tu camino.

César Lozano

Terrible costumbre es engancharnos a quien no nos quiere o no nos merece. Es la causa más frecuente de sufrimiento y decepción. No hay que buscar fuego afectivo entre las cenizas, ni esperar el milagro del amor en quien demuestra sólo indiferencia. ¿Te mereces eso?

¿En serio mereces esa vida lastimera?

Recuerda:

* Tu felicidad no puede ni debe depender de nadie. No sigas creyendo que mientras no estés con alguien no podrás encontrar estabilidad. Analiza tu pasado y pregúntate: ¿de dónde viene esa dependencia y necesidad de no estar solo? ¿Qué tipo de carencias tuviste como para que en esta etapa de tu vida no puedas prescindir de la compañía de quien crees necesitar tanto? Repite una y otra vez que la verdadera felicidad está dentro de cada uno de nosotros y no podemos fincarla en nada ni en nadie.

* Acepta de una vez que no puedes obligar a nadie a que te quiera. Imposible exigir un amor que no te tienen, no supliques migajas de aprecio. Utiliza la empatía y ponte en la condición de no sentirte obligado a amar a alguien por quien no sientes absolutamente nada, sólo un gran agradecimiento o compasión. Imagina por un momento continuar una relación donde el amor es solamente en sentido unilateral y todo el esfuerzo que representaría para ti lograr la atención de quien no desea estar ahí.

* Buen momento para dejar de poner demasiadas velador as al "santito", ya que durante la ruptura, la mente tiende a hacernos creer lo que no hay ni hubo. Nos hace magnificar cualidades y minimizar defectos, y en el fondo de tu corazón sabes que no todo era maravilloso en esa relación. Decide no engancharte solamente a los buenos recuerdos sino también a los hechos reales y a los no tan buenos recuerdos que no quieres reconocer.

* Evita todo tipo de comunicación que pueda lastimarte y recordarte lo vivido; entre menos contacto, más pronto sanarán tus heridas. Seguir viendo sus redes sociales lastimará tu autoestima y evitará cerrar ese ciclo que debe terminar. Inicias una etapa de reencontrarte contigo y para eso se requiere alejarte de búsquedas innecesarias y llamadas lastimeras para saber que está bien.

* ¿Por qué no aceptas que pueden existir mejores opciones de felicidad en tu vida y no precisamente a lado de quien tanto creías? Basta de idealizaciones absurdas, es momento de poner los pies sobre la tierra. No puedes cambiar las circunstancias; el hecho es que no te aman como amas y de ti depende si sigues lamentándote eternamente y preguntándote todo el tiempo el porqué de las cosas, y muchos de esos cuestionamientos no tendrán respuestas.

Decide dar vuelta a la hoja no sin antes bendecir y agradecer por lo bueno vivido y perdonar lo que consideras malo. Tu vida sigue con o sin ese ser que tanto amaste.

Termino este capítulo con una de mis frases:

> **Difícil aceptar que no te quieren
> como mereces.
> Mejor pregúntate: ¿No te quieren
> o no te merecen?**

CAPÍTULO 04

Enganchado a la pérdida

Las pérdidas son parte de nuestro proceso de vida. Se tiene algo, se tiene a alguien, y de repente ya no. Duele aceptar y recordar que nada es para siempre, ni las personas ni las cosas, lección que se aprende con el tiempo. Por más amor que se tenga a un ser muy querido, todo tiene un final ya sea porque el amor acaba o por separación causada por la muerte. Nuestra fe nos dice que nos reuniremos en algún momento con los seres queridos, pero nadie ha regresado de ese lugar de luz y paz para decirnos cómo o de qué manera será nuestro reencuentro, y si lo hay.

Me gustaría que leyeras mi libro *Una buena forma para decir adiós,* donde plasmo todo el aprendizaje que he tenido al vivir mis duelos y las recomendaciones para quienes no hayan podido superar los suyos.

Engancharnos en un duelo es morir lentamente junto a quien ya no está. Los duelos por la muerte, la ruptura amorosa, la traición de una amistad, la culminación de una etapa laboral duelen y mucho.

Durante los últimos meses he conocido a personas que sufren intensamente por el miedo a morir. Mi encuentro más reciente fue con María Luisa, quien a sus 65 años siente que cada día que pasa es un día menos de vida y su temor va en aumento por no saber cuándo, dónde y cómo va a ser su muerte.

"Hay días que no duermo", me decía, "sólo por pensar cómo será el final, si será de repente, si tendré alguna enfermedad que me consumirá poco a poco, si estaré sola, si sufriré". Me lo dijo con signos visibles de ansiedad.

"Mi querida María Luisa, ¿qué no te has dado cuenta de que al ponerte así ya empezaste lentamente ese proceso?", le dije.

Seamos sinceros. Morir lentamente es perder el amor por la vida; perder la esperanza y llenarnos de miedos fundados e infundados que nos apartan del amor y aumentan la incertidumbre.

Es una muerte lenta que desgasta cada una de las células de nuestro cuerpo y que podría evitarse si aceptas que la muerte es lo único realmente seguro. Nos faltan días. ¿Cuántos? Nadie sabe, y ya estamos pensando en el final. Como me dijo mi hijo César cuando tenía seis añitos e íbamos al aeropuerto rumbo a unas vacaciones de siete días: "Papi, pero ya es el primer día, qué lástima que las vacaciones se van a acabar."

¡Todavía no nos íbamos y ya estaba pensando en el final!

A esa edad es permitido pero a los 65 años no. La madurez adquirida con los años debe demostrarse con la aceptación de lo que sabemos que es irremediable.

No podemos evitar la muerte pero sí muchos factores que nos acercan a ella o complican el proceso a través de una vida sana.

Tengo el gusto de tener especialistas de primer nivel en mi programa de radio que se transmite en varias ciudades de México y para el público hispano en los Estados Unidos. Personas que comparten sus conocimientos del tema que tratamos y permiten tener un punto de vista profesional que nos ayude a encontrar sentido a las diferentes adversidades que enfrentamos. En este libro, cuento con la aportación de varios de ellos, lo que aprecio enormemente, como la licenciada Gaby Pérez, orientadora familiar y máster en tanatología, autora de cinco libros que han tocado la vida de miles de personas.

Cuando le comenté sobre este libro y mi inquietud de evitar que la gente se siga enganchando con situaciones que podría sobrellevar de forma más ligera, aceptó compartir su experiencia sobre cómo evitar engancharse con los duelos que, por ley de vida, todos experimentamos.

"Engancharse", desde el punto de vista de la tanatología significa quedarse atorado en una de las etapas del duelo. Los enganches se dan cuando no se han cerrado círculos de manera correcta. Al quedarse un ciclo abierto, ante la llegada de un nuevo dolor o pérdida, se trenzan las emociones y ya no puede distinguirse cuáles son por una ausencia y cuáles por otra.

Por la misma naturaleza de la palabra, estar enganchado a una pareja significa que uno se cuelga del otro. Uno arrastra y el otro se deja llevar. Eso es un enganche y para nada se trata de una pareja o un equipo, ni mucho menos de una sinergia, sino de un esfuerzo extraordinario por una de las partes para que la relación sobreviva.

La tanatología nos invita a fluir con los duelos, a transitarlos en lugar de quedarnos detenidos en ellos, a trabajar con ambas manos para merecer un lugar y un estado de ánimo uniforme en esta vida. Si yo me engancho con alguien, con algo o con una situación, forzosamente al menos una de mis manos estará ocupada aferrándome a aquello. Dios no se equivoca, ni nos dio de más, ni nos dio de menos. Todo lo que traemos como equipo, tanto físico como emocional, lo necesitamos. Así que no podemos ir por ahí prestándoselo a alguien más porque no lo vamos a tener disponible para cuando lo necesitemos.

Las etapas en las que uno suele quedar enganchado con mayor frecuencia son el enojo y la depresión. Cuando perdemos nos enojamos con quien se deje, con la vida, con el que se fue o quiere irse, con nosotros mismos y hasta con Dios. Pensamos que ese coraje nos da fuerza y nos empodera, pero es todo lo contrario, no es más que un disfraz para nuestra fragilidad y no nos concede ningún poder. De modo que permanecer enojado te vincula con el objeto, la persona o la relación perdida, ese vínculo se convierte en una liga transparente que te impide avanzar como deseas.

¿Has visto cómo en algunas fiestas infantiles hay unos futbolitos inflables en los que te pones un traje de velcro y quedas adherido a las paredes del juego? Pues algo muy parecido sucede con los enganches: sí te esfuerzas, pero no avanzas nada.

Para no quedarte atrapado en esa furia lo recomendable es hacer un balance de lo que hiciste bien y lo que hiciste mal, no para recriminarte, sino para asimilar el aprendizaje y convertirlo en anécdota.

Cuando la pérdida es muy grande y probablemente muy injusta, es más fácil que la etapa en la que nos enganchemos sea la depresión; ese sentimiento de oscura desesperanza que nos hace creer que las cosas nunca volverán a ser buenas y hasta equivocadamente concluir que los demás estarían mejor sin nosotros.

El miedo es precisamente el motivo por el que dos personas o una persona y un sentimiento se quedan enganchados, miedo a no volver a ser feliz, miedo a quedarte solo, miedo a no poder con tanto dolor. Vale la pena recordar que todo pasa y que lo único bueno de lo malo es justamente eso, que pasa.

Un último acercamiento desde la tanatología y la logoterapia al enganche o codependencia que nos ata, es entenderlo como un exceso de equipaje en nuestra vida. No merece la pena cargar tantos resentimientos y falta de perdón porque limitan nuestro andar y nos ocasionan un pobre desempeño emocional.

No hay nada que pese más que los enganches pues te comprometen, son como ese pago inicial que das ante una compra y que garantiza que habrás de finiquitar el compromiso adquirido. Cuando das un enganche para apartar un coche o un departamento, dejas con ello una promesa de estar presente para liquidar el adeudo. ¿De verdad quieres vivir así?, ¿comprometido a algo o a alguien y no en el presente, en el aquí y el ahora? El gancho que se usa para unir pesa, lastima y es muy incómodo.

Dejo esta imagen en tu mente: el verdadero amor es como sostener un puñito de arena en la palma de la mano, abierta y cóncava para que la arena se acomode bien, en una posición donde respire y se sienta en libertad. Si la dejas así, permanecerá muchísimo tiempo recibiendo sol, luz y mucho aire (no olvides que el aire es imprescindible para respirar), pero si la aprietas cerrando el puño con todas tus fuerzas para retenerla, se te escurrirá entre los dedos. Por cualquier espacio que pueda salir lo hará porque el amor no sabe vivir preso. Como tú, necesita aire para respirar.

Si a todo lo que decimos y pensamos pudiéramos agregarle las palabras "por ahora", nuestros pensamientos estarían cargados de esperanza: estoy solo… por ahora; no tengo pareja… por ahora; duele muchísimo esta separación… por ahora.

De instante a instante se pasa la vida, la haré mucho más llevadera si mis pensamientos son de libertad y amor. Para ser felices es importante estar libres de enganches y cadenas, de duelos no resueltos y de nostalgias galopantes. Vive, recuerda: dure lo que dure, la vida siempre es demasiado corta.

Gracias, Gaby, por tan clara y valiosa aportación.

Enganchado a la manipulación

Podemos hacer que las cosas sucedan de varias maneras:
1. **Pidiendo**
2. **Exigiendo**
3. **Suplicando**
4. **Manipulando**

Digamos que todos en un momento determinado hemos utilizado los recursos anteriormente enumerados, incluyendo el último; pero no todos aceptamos que somos capaces manipular.

La manipulación mental se asocia con la toma de control del comportamiento de un individuo o de un grupo mediante técnicas de persuasión o de presión psicológica. El manipulador intenta eliminar el juicio crítico de la persona, distorsionando su capacidad reflexiva. En palabras simples, quien manipula influye sobre las acciones, los pensamientos y las emociones de una persona o un grupo.

Se practica en la familia en todos niveles, en el trabajo y en ciertos anuncios publicitarios que logran embaucarnos y convencernos de que cierto producto logra maravillas, cuando en realidad no es así.

Hay cuatro tipos de manipulación:

1. Amenaza:
* *"Si no me ayudas a limpiar la casa, ¡olvídate de tu celular por un mes!"*
* *"Atente a las consecuencias... y verás..."*
  (pero no dice qué va a ver.)
* *"Síguele... me vas a perder..."*

2. Se castiga a sí mismo:
* *"Si me dejas, serás responsable de lo que me suceda. ¡Y guárdate esas lágrimas para cuando me estén enterrando y sientas la culpabilidad sobre tu espalda!"*

Recordé a un hombre que llamó a mi programa de radio, dijo que llevaba dos intentos de suicidio porque quería regresar con su esposa pero ella no quería. Y cuándo le pregunté la razón de por qué quería poner fin a su vida, me contestó que era para que ella sintiera remordimiento toda su vida por haberlo menospreciado. O sea, ¡el manipulado se convirtió en manipulador!

3. Quejumbroso:
La queja es su instrumento para hacer sentir mal a sus víctimas.
* *"Sí, vete con tus amigos. Yo aquí me quedo sola como un perro..."*

* "¿Pero qué más se puede esperar de ti? Sólo lo que siempre me has dado: sufrimiento." (¿Así o más lacrimógena la situación?)
* "Nadie me quiere, nadie me hace caso, todos se aprovechan de que soy muy noble."
* "Todas estas enfermedades son consecuencia de lo mal que me haces sentir."

4. Torturador:
Esta gente utiliza recursos que buscan hacernos sentir culpables mediante técnicas que van desde el látigo de la indiferencia (no te hablan o te ignoran) hasta la venganza directa con palabras o golpes que pueden dañar gravemente la autoestima.

En mi programa de radio entrevisté a Mónica Venegas, autora del libro *Dale Next,* quien ha ayudado a miles de personas a despojarse de los *supuestos* y los hábitos negativos que usamos a diario para sobrevivir, pero que nos mantienen atados a situaciones no deseadas. Ella dijo algo muy fuerte en relación con el tema: "Si alguna vez te has sentido manipulado o si eres manipulable, es porque tú también eres manipulador. ¿Sabes cuándo dejas de permitir que otros te manipulen? Cuando tú dejas de manipular. Cuando dejas de hacerlo, tu conciencia ya no permite que otros lo hagan contigo porque sabes perfectamente lo que están haciendo."

Fuerte pero real, ¿no?

Los tres principales manipuladores de la vida son: la familia, la sociedad y tu conciencia. Y este último es lo peor, cuando solito decides escuchar la voz de la culpa y cedes a las peticiones de los demás, con ello dañas tu autoestima por ir en contra de tus valores y de tus principios, a cambio de una realidad que es muy frágil y emocionalmente cara de mantener. Me refiero a que muchas veces esas mismas personas a quienes ayudamos nos niegan un favor que les pedimos. Y cuando les recordamos: "Oye, acuérdate de que yo te ayudé aquella vez", ellos responden: "Sí, me ayudaste, pero porque quisiste, nadie te puso una pistola en la cabeza."

El manipulador busca algo de ti e intentará conseguirlo a toda costa por medio de cualquiera de las cuatro estrategias. Es natural que todos necesitemos de todos, pero a veces no deseamos acceder a determinada petición porque no podemos, no queremos o nos sentimos utilizados.

Seamos sinceros, no todos ponemos límites a determinadas personas porque existe cierto nexo emocional o por favores recibidos. Mónica Venegas me compartió una estrategia original para poner un límite a tiempo y la pongo a tu consideración.

Si te cuesta poner límites a alguien que te pide, pide tú también. ¿Qué pides? Lo mismo que te están pidiendo. Por ejemplo, así podría lucir una historia poniendo límites:

– *¿Me prestas dinero?* –*y tú la verdad no quieres o no puedes.*
– *No puedo* –*respondes.*
– *Qué malo eres, yo siempre te ayudo a ti.*
– *De verdad hoy no puedo, si tuviera te prestaría. Sabes que si pudiera lo haría, y te voy a pedir que no bases tu opinión sobre mí en mis posibilidades económicas.*
– *Si quisieras lo harías, ¡la verdad nunca lo pensé de ti!*

Este diálogo (lucha) podría continuar indefinidamente y terminar mal la relación. ¿Te parece familiar?

En cambio, éste es el ejemplo con la técnica de pedir:

– *¿Me prestas dinero?*
– *No tengo ahorita.*
– *Qué mala onda eres, yo siempre te ayudo a ti.*
– *¡Justo te iba a pedir diez mil pesos! Ando muy mal económicamente y tengo que pagar una deuda y ¡en verdad necesito el dinero! Por favor, préstamelos, ándale ¡los necesito!*

¿Qué crees que te responda la persona que te está pidiendo el dinero?

– *No, pues yo menos tengo, ¡por eso te estoy pidiendo a ti!*
– *¡Uh, pues ya somos dos! Bueno, déjame ver quién me los puede prestar –y se acabó.*

Esta técnica es muy efectiva, pero la tienes que creer para convencer al otro de que es real lo que le estás diciendo. Con esta técnica la persona manipuladora dejará de hacerlo de inmediato y además lo pensará dos veces antes de volverte a pedir algo.

Otro ejemplo para usar con una persona que sabes de antemano que intentará manipularte:

– *¿Me cuidas a mis hijos?*
– *¡Justamente estaba por pedirte si me cuidabas a los míos!*

O bien:

– *¿Me puedes ayudar con lo que me encargó el jefe?*
– *¡No puede ser! Justo te iba a pedir si me ayudabas con un trabajo extra que me dejó mi supervisor –con estas respuestas tomas por sorpresa al manipulador, lo desarmas y evitas la manipulación, incluso antes de que se dé.*

Y, por último, si alguien te dice la siguiente frase maestra: "Qué egoísta eres", responde: "¿Y cómo le llamas al hecho de que tú quieres que haga las cosas a tu manera?" (Obviamente también es egoísmo.)

En conclusión, si te presionan para que hagas algo que no quieres, no pongas límites... en lugar de ello, sólo PIDE lo mismo que te solicitan y *¡dale next!*

Dice el dicho: "Pide y se te dará"... y Mónica dice: "Pide y los manipuladores ¡huirán!" Y eso es lo que quieres con los manipuladores, que se alejen.

Enganchado al chantaje de tus emociones

¿En qué momento sucumbimos a la petición lastimera de los demás, cuando en el fondo no queríamos?

¿Cómo es posible que nos dejemos convencer por nuestros hijos de comprarles comida chatarra, cuando de antemano sabemos que en nada les beneficia?

"¡Increíble! Le dije que no le iba a comprar nada, pero al llegar a la caja hizo una rabieta tremenda y se lo tuve que comprar."

"La verdad, ni cuenta me di... para cuando acordé, ya estaba bien comprometido con ella y no sé ni cómo, porque no la quiero lo suficiente..." ¡Sopas! Qué fuerte... pero es real.

Situaciones tan frecuentes, cotidianas y de aparición sutil, son las que chantajean directamente nuestras emociones y modifican nuestra decisión; decimos *sí,* cuando en el fondo queríamos decir un rotundo, necesario y saludable *no.*

Obvio, los más vulnerables son quienes tienen un pasado de carencias, quienes desean satisfacer a los demás a costa de sacrificar sus propias necesidades. Son quienes buscan evitar el sufrimiento, agradar y tener la consideración de quienes les rodean. Para ser claros, son los más sensibles o los que necesitan urgentemente la aceptación de los demás.

> **Un gran porcentaje de la población hace lo que los demás dictan por las razones mencionadas, sacrificando sus propias decisiones o necesidades.**

Dicen una y otra vez que no es justo, pero no hacen nada por evitarlo o remediarlo. "Simplemente no pude evitarlo", contesta la mayoría.

¿Qué sucede cuando nos chantajean emocionalmente? Quiero explicarlo con detalle para que cuando se te presente el chantaje emocional, lo detectes y puedas hacerlo consciente. Lo que no se conoce a fondo difícilmente se combate. Te lo explico paso a paso para que puedas identificar los sutiles avances de este "ataque" y tengas más herramientas para no caer en las garras de quien, por supuesto, sabe de tu vulnerabilidad y exceso de sensibilidad.

LOS CINCO PASOS DEL CHANTAJE EMOCIONAL

PASO 1. PETICIÓN

Te hacen una petición expresa, la cual sabes en el fondo de tu corazón que no deseas hacer. La petición viene con carga emocional de frases como:

* "Por favor..."
* "Recuerda cuando yo te ayudé..."
* "Tú sabes cuánto lo necesito..."
* "Te lo suplico, ¿sí?..."
* "Te prometo que si lo haces, yo haré..."
* "Mami, te quiero, tú lo sabes. Me lo compras, ¿sí?..."
* "Te juro que te devuelvo hasta el último centavo en quince días..."

Acciones o frases desafiantes como:
* Gritos
* Llanto
* "Okey, si no quieres, atente a las consecuencias..."
* "Muy bien. Como quieras, pero grábate lo que estás haciendo porque te aseguro que si sigues así, me vas a perder..."
* "Si no me ayudas, no sé qué voy a hacer. Todo está perdido..."

O la que me dijo una persona muy allegada a mí hace unos meses:
* "Espero que no te quede remordimiento cuando te enteres en el periódico de lo que me sucedió por no recibir tu ayuda..."

¡Sopas! ¿Así o más dramática la petición? Y por cierto, es fecha que no he leído nada sobre su paradero en el periódico.

La petición va cargada de un argumento dirigido y diseñado para ti, porque conoce tus puntos débiles.

Después de la petición o súplica sigue:

PASO 2. IMPACTO EMOCIONAL

Es precisamente el punto que normalmente no meditamos porque la balanza se inclina más hacia la emoción que a la razón. Podemos sentir compasión, lástima, dolor, tristeza, remordimiento y angustia después de la petición de ayuda o servicio.

Las primeras cuatro sensaciones (compasión, lástima, dolor, tristeza) surgen porque las carencias de quienes tienen un vínculo con nosotros, generalmente duelen.

El remordimiento puede ser porque la petición va inmersa o aderezada con dosis de frases o palabras que indirectamente dicen:

* "Tú sí tienes lo que yo no tengo."
* "Yo hice algo por ti y ahora te corresponde pagar el favor."
* "Siempre todo me sale mal y, por lo visto, a ti todo te sale bien. ¡Pobre de mí!"

Todo lo anterior puede ser dicho sin conocer o sin querer ver todo lo que existe detrás de cierta estabilidad. Todos tenemos una historia –que por cierto no tenemos por qué contar– de sacrificio, desvelos, entrega, trabajo y demás para estar como estamos.

En comparación, pocos son los casos de personas a quienes las cosas se les dieron fácilmente y sin ningún esfuerzo. Lo bueno cuesta y, por supuesto, ¡cuesta mucho!, y quienes chantajean tus emociones no lo saben o no desean verlo.

* "Arturo, a ti te va muy bien y como Dios te ha dado mucho, creo que lo conveniente es que tú pagues la hospitalización de mi mamá."

Frase dicha por un hermano a quien en apariencia no le iba bien. O sea, el hecho de que a un hermano le vaya bien, ¿deslinda de responsabilidad a los demás?

¡Por supuesto que no! Y mucho menos cuando te enteras de que no están tirados en la calle pidiendo limosna para sobrevivir. Este caso es más común de lo que crees y es causa de conflicto en miles de familias, donde el pecado cometido es haber trabajado arduamente, hacer sacrificios que tal vez los otros no estuvieron dispuestos a realizar, y lograr un patrimonio, para que en un momento de crisis se le exija que ayude de más.

PASO 3. DECISIÓN

Puedes decidir dar una negativa, y ahí supuestamente termina la situación. O puedes decir "sí", con las consecuencias que conlleva.

Cuando dices "no", puede ser porque de verdad no puedes o cuando algo en tu interior te dice que no debes o simplemente no quieres. Y ahí termina todo.

Depende de cómo digas ese necesario *no,* y del grado de sensibilidad ante la carencia de los demás, será la sensación que dejará en ti.

"Qué más quisiera, pero ahora no puedo..." (y punto), porque estoy seguro de que en muchas ocasiones te deshaces en explicaciones de la una o mil razones por las que no puedes acceder a la petición; pero entre más te justifiques, más importancia le das a algo que no deseas, y la mayoría de las veces aplica el dicho: "Explicación no pedida, acusación manifiesta."

No tenemos por qué explicar a detalle las razones de nuestra negativa a menos de que sea estrictamente necesario.

No tengo por qué convencerme, con mis propios argumentos, cuando en el fondo sé que no puedo o no quiero acceder a determinada petición.

Por supuesto que nunca estaremos exentos del remordimiento posterior. Es algo que en muchas ocasiones es imposible evitar, pero sí enfrentar con argumentos sólidos y contundentes, como los siguientes:

* "Sé que si accedo me sentiré peor."
* "No estoy en condiciones de cumplir con esta petición."
* "Es más el mal que le hago que el bien."
* "Todos aprendemos lecciones, y ahora es su turno de aprender."
* "Lo que fácil se obtiene, poco se valora..."

Y otras más.

Si dices *sí,* es porque simple y sencillamente no pudiste evitar la petición o porque con pleno convencimiento accediste, pues no te quedaba otra y en realidad lo quieres hacer, entonces ¡adelante!, pero te recuerdo que estamos hablando de peticiones que sabotean tus emociones, no las peticiones que por lógica sabes que es necesario aceptar y que tu participación es convencida. Cuando accedemos a algo que no deseamos, pasamos al siguiente paso.

PASO 4. ENOJO

Molestia o enojo en contra de quien te convenció o hacia tu persona por no saber decir un rotundo y necesario *no.*

Malestar por la etapa que llega después del movimiento de emociones basadas en la compasión, en el chantaje o en la lástima. Ese malestar o período de enojo puede perdurar por mucho tiempo si continuamos con este círculo vicioso en el que por lo general sólo uno gana.

—¿Y por qué no dijiste que no querías ir a la reunión?
—Es que me dio cosa.

Más *cosa* queda como resentimiento y molestia cuando accedemos a las peticiones que no deseamos de quienes nos rodean. Te recuerdo que el enojo siempre viene acompañado de malestar y, por supuesto, todos nos enojamos en mayor o menor medida, pero vivir con este sentimiento no es vida.

¿Cuántas personas viven enojadas con sus parejas porque pasan la vida a expensas de sus ideas, gustos, aficiones, postergando sus preferencias? ¿Cuántos seres humanos viven en el silencio de su enojo por no expresar lo que sienten o por no decir *basta* a tiempo? El enojo se traduce en enfermedad y esa enfermedad se convierte en pésima calidad de vida. Nunca es tarde. Hoy mismo puedes analizarte y reconocer si estás viviendo la vida de los demás en lugar de disfrutar tu propia existencia.

PASO 5. DESILUSIÓN

Surge al darte cuenta de que una y otra vez haces lo que no quieres. Desilusión al constatar que la historia se repite cada vez con más frecuencia y se ve afectado tu poder de decisión.

#FraseMuyMatona:

> **Hay momentos en los cuales se aplica perfectamente la recomendación: "No esperes nada de los demás y serás feliz."**

Dar es un acto de amor enorme, pero cuando damos y no se valora ni se agradece representa un gran reto a nuestra valía y amor propio. No siempre estamos esperando agradecimiento o reconocimiento por nuestras acciones, pero hay momentos en los que la desilusión se hace presente porque algo en nuestro interior nos decía que no lo hiciéramos. Diste de más y ese gesto no fue valorado y mucho menos benéfico para ti.

El padre Juan José Hinojosa, quien durante mucho tiempo me apoyó con asesoría espiritual, me dijo en una ocasión:

> **"Cuando algo en tu interior te haga dudar en ayudar a alguien, que te sude la mano con la moneda antes de dar."**

Estos cinco pasos podemos verlos en ejemplos cotidianos, como cuando un hijo te hace una petición que, de antemano, sabes que está cargada de un chantaje emocional magistral, porque percibe el gran amor que le profesas y sabe que cedes ante ciertas peticiones.

— *¿Mami, me compras el nuevo videojuego?* (Paso 1. Petición)

— *No.*

— *Por favor, mami ¿sí? Te lo suplico* — dichas las anteriores palabras con la cara del gato que sale en la película *Shrek*, que hace prácticamente imposible no sentir ternura o compasión.

— *¡NO! Y no insistas. Además, te pasas horas jugando y ya te he dicho diez mil veces* —poquito exagerada la señora— *que no juegues más de una hora.*

—Mami, te prometo que si me lo compras ya no jugaré tanto, ¿sí? Ándale, ¿sí? Por fa, te lo suplico... —es en ese preciso momento (Paso 2. Impacto emocional) cuando tu mente retrocede hasta tu niñez, donde suplicabas esa muñeca que tanto deseabas y que tu mamá no podía o no quería comprarte. Después piensas: "¿Qué tanto es tantito? ¿En qué me afecta comprarle este videojuego?" Pero vuelves al ataque porque algo te dice que no. Y agregas:

—Ese juego contiene mucha violencia, mejor no.

—Mami, todos en la escuela lo tienen. Por favor, ¿sí? —ahora con el videojuego en la mano, entregándotelo a ti para que no puedas resistir que ya casi es un hecho. (Técnica infalible de ventas: ponerte el objeto en cuestión en la mano.)

Recuerdas que todos los amiguitos de tu hijito tienen videojuegos y pues, no se ven violentos ni están traumados, digamos que son fierecillas pero domadas. Entonces tomas el empaque y le das vuelta como si leyeras —pero no estás leyendo sino pensando: "¿Qué hago?" Y una voz aún te dice que no. Pero no encuentras más argumentos y ¿qué sucede?...

(Viene el Paso 3. Decisión, donde accedes pero enojada.)

—¡Está bien! Ya no molestes, pero ¿sabes qué? ¡No te vuelvo a comprar nada! ¡Nunca más en la vida! ¿Quedó claro? —¿en serio no le vas a comprar nada, nunca más en su vida?

Vas a la sección de caja, con malestar (Paso 4. Enojo) y hasta culpabilidad pero hacia tu persona principalmente por la falta de poder o capacidad para decir *no*.

Es importante agregar que también hay niños más intuitivos, listos y astutos que saben que eres un ser muy sensible y ante tu negativa a la primera petición de "¿Me compras esto...?" no insisten, utilizan una estrategia más sutil pero efectiva ante quienes saben que los aman, y mucho —o séase tú—, y que te encanta tenerlo feliz y más porque trabajas todo el día y, muy en el fondo tienes cierta culpabilidad por no darle el tiempo que se merece. Ante la negativa, el niño ve el empaque con cara de sueño truncado, le da la vuelta, lo coloca en el estante, suspira y voltea a verte con su carita de: "Está bien mami, no me lo compres…" y se va caminando a tu lado con una cara de melancolía y tristeza por ser uno más de esos niños que nunca les compran nada… (pobrecitos) y que tienen madres desnaturalizadas, carentes de sentimientos, lo que sabes que *¡para nada!*

Intentas justificarte con uno o mil argumentos sobre el porqué no se lo compras y él sigue con su cara de inocente niño a quien jamás le compran nada. Y entonces sucede lo tan esperado por el niño, claro:

– *Está bien, ve por el videojuego ¡pero es el último que te compro!* –dicho lo anterior con evidente enojo. Y el niño, triunfante, corre por el objeto deseado regodeándose porque su estrategia de niño obediente y desvalido funcionó una vez más ante una madre amorosa que siempre quiere lo mejor para él.

(La decepción o desilusión. Paso 5) Surge cuando ves que de nuevo pasa horas y horas jugando y tú insistiendo, suplicando, amenazando, despotricando, que apague ese mugrero (el cual, por cierto, tú le compraste) y cuando al fin lo hace, anda de un carácter insoportable. No sé si ya lo has notado, pero cuando un niño o adolescente juega por varias horas ante la pantalla termina muy irritable. Se engancha con la adrenalina del juego y el efecto tarda varias horas en bajar, lo que acelera sus reacciones.

Y todo por no decir a tiempo un rotundo *no* que pudo evitar esa sensación desagradable por acceder a algo que no estaba en tus planes comprarle, y mucho menos un videojuego que no se merece por su incapacidad de controlar el tiempo que pasa frente a una pantalla, y para colmo, era tu gloriosa oportunidad para aplicar la frase que tu madre y tu padre te decían en tu niñez: "¡Las cosas se ganan!", pero ¿sabes qué? desaprovechaste tan valiosa oportunidad.

> **¿Por qué premiamos a quien no se ha ganado las cosas? ¿Por qué obsequiamos a quienes no saben manejar la tolerancia y se desesperan por todo?**

No sé tú, pero yo me he llevado no una, sino muchas desilusiones por sobrevalorar a las personas que durante una crisis desean ser ayudadas. Habrá a quienes sí podamos y deseemos ayudar y quienes por su historial, nuestra conciencia nos diga que no.

Entendamos de una vez que estamos rodeados de personas con muy buenas intenciones, pero también de personas que tienen sus propias necesidades y problemas por resolver, y no nos corresponde engancharnos en todo tipo de problemáticas, ni convertirnos en santos redentores de quienes buscan soluciones inmediatas a sus problemas fruto de sus acciones y decisiones.

Este chantaje es el pan diario en muchos hogares donde los hijos tienen tomada la medida a sus padres y hacen con ellos lo que les da su regalada gana.

Recordé una conferencia impartida por el doctor Jesús Amaya, experto en educación y quien ha publicado cuatro libros relacionados con la urgente necesidad de poner límites a nuestros hijos. Él promueve la *inteligencia de la frustración* y el sano desarrollo de un hijo al dejarlos que se *traumen tantito*. Obvio, es algo que para muchos padres puede ser motivo de escándalo y, sin embargo, es necesario.

El doctor Amaya y su esposa han realizado estudios y observaciones sobre los nuevos comportamientos de los niños y adolescentes. Sus conclusiones están orientadas a la intolerancia a pequeñas frustraciones que tienen niños y adolescentes.

En Estados Unidos se denomina *helicopter parents* (padres helicópteros) a los padres sobreprotectores que envuelven a sus hijos en una burbuja de extrema seguridad para evitarles cualquier tipo de malestar, carencia o fracaso.

Por supuesto es un problema que va en aumento. Recientemente vi a un niño de seis años aventarle la mochila a su madre en la cara por no sostener con la otra un dibujo que había realizado y que se le volaba al viento. Fue tanto su coraje, que lo desquitó de una forma agresiva con quien menos debía; estoy seguro de que ese comportamiento es más frecuente ahora que en el pasado.

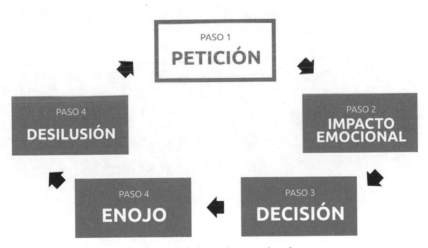

Pasos del chantaje emocional

Quienes son *víctimas* de los depredadores de las decisiones propias a costa de su voluntad, son quienes tal vez fueron educados en la creencia de que siempre hay que dar antes de recibir, esto no tiene por qué ser negativo, lo es cuando se convierte en una costumbre donde el servidor siempre da o siempre pierde y nunca tiene retribución de algún tipo ¿A quién le gusta eso?

En el amor es una cualidad indispensable, expreso el cariño, el afecto y mi entrega, pero mínimo espero lo mismo. Tengo detalles con mi pareja y aunque digo que todo lo que hago es sin esperar retribución, tú sabes que sí esperamos mínimo agradecimiento y respeto.

Una religiosa que tuve el gusto de conocer en Zacatecas, miembro de una orden orientada al servicio de los demás, me compartió la gran cantidad de veces que cayó en depresión. Una historia personal llena de carencias materiales y afectivas que quiso sobrellevar por medio de la entrega total en este admirable servicio religioso. Más de veinte años en una orden que, por cierto, ella misma eligió, donde se impide visitar a la familia, salvo en ocasiones muy especiales como la enfermedad o la muerte. Siempre en clausura y en oración por los demás. Es una maravillosa actividad que nos beneficia a muchos que ni enterados estamos, pero indudablemente requiere de una vocación férrea. Al preguntarle si podía expresar las razones de su depresión, simplemente contestó que en ocasiones sentía el poco o nulo reconocimiento de los demás, aunque estaba convencida de que Dios veía y consideraba todas y cada una de sus buenas acciones.

> Por supuesto, todos necesitamos aunque sea el mínimo reconocimiento o agradecimiento de quienes servimos; difícilmente aceptamos el silencio total de quienes con tanto gusto y amor servimos. Aunque sea un escueto *"gracias"*, en el momento oportuno cae de perlas.

Algo similar aprendí de una sobrecargo. Al abordar un avión, te saludan con un *buenos días*, *tardes* o *noches*. Dar la bienvenida es parte de un protocolo que existe en la aviación comercial y que para algunos de estos sobrecargos puede resultar un saludo automatizado que *deben realizar*, pero que tal vez no desean o no les nace en algunos momentos. Sin embargo, así debe estar quien se ubica a la entrada del avión, saludando y sonriendo a todos los pasajeros, que a veces son demasiados en un día.

Al observar en diversas ocasiones el procedimiento, no deja de asombrarme la gran cantidad de personas que, como diría mi abuela, entran como *burros sin mecate* y no contestan el saludo, simplemente entran, sin ver siquiera a quien los saludó.

Un día no quise quedarme con la inquietud de preguntar a una de ellas qué sentía cuando no recibe contestación al saludo, y su respuesta fue más o menos así: "Al principio me molestaba y hasta les repetía el saludo para educarlos; ahora simplemente sé que no todos saludan."

Qué triste realidad, pero es la verdad. Siguen abundando los seres carentes de educación, los que se creen superiores a los demás y quienes simplemente piensan que es una obligación que los atiendan, porque para eso pagan.

Nos enganchamos emocionalmente y en forma negativa a quienes no reaccionan como deseamos y olvidamos que cambiar a toda la gente es casi imposible, pero cambiar la manera en la que vemos a la gente y cómo reaccionamos ante las diferentes personalidades sí es posible.

Enganchado a los agravios: "Las cosas de quien vienen"

* ¿Quién es?
* ¿Qué peso tiene en tu vida?
* ¿Qué valores y principios tiene para expresar su opinión hiriente?
* ¿Qué jabón lo patrocina?

Bien dijo doña Pola, mi abuela: "¡Toma las cosas de quien vienen!", cuando le platiqué que un compañero del colegio me dijo que era pésimo para ser portero del equipo de futbol, lo que, dicho sea de paso, era una gran verdad; pero me resistía a aceptar la enorme cantidad de adjetivos ofensivos que incluía tal afirmación que me calaban hasta los huesos. Digamos que no se me daba, ni se me dio nunca ese deporte y, por mi altura, me gustaba más el básquet.

Sé que no es fácil evitar engancharte a los agravios, no es fácil tomar las cosas de quien vienen, porque a veces vienen de personas de peso moral o afectivo y es cuando más duelen. Sin embargo: "Quien bien te quiere no te hará llorar." Es bueno y saludable recordar que todos tenemos áreas de oportunidad por mejorar y una sugerencia o crítica puede ser tomada como una ofensa por el tono de voz o el *aderezo* de adjetivos que conlleva.

Evita engancharte a una ofensa inmerecida en plena era del Twitter o Facebook, donde cualquier anónimo puede ensañarse en contra de uno simple y sencillamente porque se le da la gana o porque es tanta su amargura que desea compartirla.

Un comentarista deportivo del canal de televisión donde trabajo me decía que le es difícil ignorar las críticas que recibe cuando habla en contra de algún jugador o la forma en la que se desarrolló tal partido. Ataques hacia su persona, saludos a su madre –ya fallecida, por cierto–, ofensas a su forma de hablar y todo lo que la creatividad ofrece a quien desea hacer sentir mal a otro. Mi sugerencia ante tal situación fue la misma que me dieron mi abuela y mi madre en ocasiones similares: "Toma las cosas de quien vienen". "Pues no sé de quién vienen –me dijo el comentarista–, se escudan en apodos."

Recuerdo una historia que me contaron hace años en relación con el tema. Un hombre iba caminando por la banqueta de una calle muy transitada. En la otra acera estaba otro hombre cayéndose de borracho. Al verlo pasar el borracho comenzó a gritarle una serie de ofensas: *"¡Ése que va a allá es maricón! ¡Ey! ¡Voltea, maricón!"* El resto de los transeúntes lo escuchaban. ¿Tú crees que la reacción del hombre pudo ser dirigirse a donde estaba ese borracho y gritarle igual? O peor, ¿golpearlo por haber tenido la osadía de ofenderlo? Por supuesto que no.

Tendría que estar en un nivel similar de alcohol para reaccionar de la misma forma. Reitero, *¡en el mismo nivel!* Bueno, no falta quien sí pueda llegar a sentirse tan agredido que reaccione igual sin estar alcoholizado.

Me queda claro que cuando se trata de ofensas inmerecidas lo ideal y sano es evitar engancharte y bajarte al nivel del ofensor. Es mejor comprender que detrás de una persona así hay una historia de dolor, de frustración que la hace ofender de esa manera.

Me decía una madre de familia, con claros signos de abnegación, lo triste que se sentía porque su hijita batalla mucho para adelgazar. Ambas se pusieron en un régimen de alimentación saludable y balanceada para bajar unos cuantos kilitos que las dos tienen de más.

La madre bajó de peso y en un mes y medio llegó a su talla ideal. La hija de diecisiete años, por más que se esforzó, no sólo no bajó de peso: subió un kilo más de los que tenía al iniciar la dieta.

Ella —la hija— llena de cólera, le expresó su odio por las dietas, además de hablarle en forma grosera durante varios días. Aplicaba la indiferencia como estrategia en momentos en los que su madre le hablaba de la manera más amorosa y comprensiva posible.

Llorando me decía que no podía soportar tantos agravios y desplantes. Al preguntarle por qué le tomaba tanta importancia a algo que debió hablar claro con su hija, ignorar o responder con firmeza —por no decir castigo, por su actitud desafiante—, no supo qué contestarme. Después de pensarlo un momento me dijo textualmente lo siguiente: "Probablemente reacciono así porque desde que tengo uso de razón siempre he tenido el complejo de gorda. Nunca me sentí a gusto con el peso que tenía y por mi baja estatura, cualquier kilo adicional se me nota. Sufría cuando iba a lugares en donde tenía que usar ropa de playa por el temor de ser etiquetada como gorda. Me discriminaba a mi misma", se expresó llorando.

Esto comprueba una vez más que los padres nos reflejamos en nuestros hijos, no sólo en lo que quisimos también en los traumas que cargamos. Convertimos en ofensas lo que en el fondo nos cala o no hemos superado.

Por supuesto todos tenemos nuestra historia personal que cargamos como bendición o como lastre y nos hace reaccionar de diferentes maneras ante lo que vivimos. No siempre entendemos el porqué de nuestra reacción defensiva pues no todos hacemos un análisis a fondo de lo que vivimos en la infancia o en la juventud, cosas que nos hacen sufrir, situaciones que otros consideran insignificantes.

En otras palabras, todos tenemos nuestros traumas y momentos de locura y de repente reaccionamos indebidamente ante algo que consideramos fuera de nuestro entendimiento. Dependiendo de nuestro nivel de educación y del control de nuestras emociones, reaccionamos de determinada manera.

Tres factores son básicos para no engancharte en este tipo de situaciones y dejar que pasen o fluyan:

1. En lugar de llenarnos de coraje similar al que nos expresan, hagamos el esfuerzo por entender que dicho ser está lleno de locura y resentimiento y esto le impide expresar lo que siente de una forma adecuada. Es tanto su coraje en contra de la vida o en contra de su propia realidad, que lo único que se le ocurre es ofender.

2. Quien se valora, se acepta y se quiere, difícilmente se engancha en ofensas agresivas. En otras palabras, a quien tiene una autoestima sólida se le resbalan

las ofensas o hace como que se le resbalan, y ambas estrategias son saludables. Acepto que la mejor forma para construir una autoestima sólida es creer firmemente que somos seres únicos con una capacidad tremenda de amar y ser amados, y que el hecho de que no le agrademos a una o dos personas no significa que no vamos a ser del agrado de los demás. Frase matona de un servidor para ti:

Cuando alguien se siente amado por Dios, no tiene por qué aceptar como real la opinión agresiva de quien se nota que carece de Dios.

3. Si quien ofende tiene peso significativo en nuestra vida como para tomarle importancia, es saludable preguntar el porqué de su ofensa, pero con la consigna de utilizar la asertividad como herramienta. O sea, decir las cosas sin herir, ni levantar la voz, de la mejor manera o, mejor dicho, de la forma menos agresiva que puedas. De la manera *menos peor* porque hay que reconocer que no siempre estamos en la maravillosa frecuencia del amor.

"¿Qué dijo? Nada. No escuché nada." Claro que tenemos una excelente capacidad de escucha, pero la indiferencia como estrategia es de gran beneficio en algunas ocasiones.

Recordé a un excompañero de la facultad de medicina que en forma de lo más corriente y chafa empezó a insultarnos a los miembros del equipo del cual yo era integrante, reclamándonos sobre la poca inteligencia que manifestamos en determinado análisis de un cuadro clínico. Los tres, receptores de sus *floridas* palabras, nos vimos unos a otros y le preguntamos por qué nos decía eso. Seguía con su letanía resaltando nuestros errores y enfatizando su gran capacidad. Al terminar, uno de mis compañeros le dijo con la mayor tranquilidad; "Okey, gracias." Y seguimos en lo que estábamos, lo cual enfureció más a quien vomitaba palabras hirientes y optó por irse, no sin antes enviar un saludo a nuestras adoradas madres.

César Lozano

> La indiferencia, unida a una autoestima sólida, siempre será una estrategia infalible para no engancharte con personas necias o agresivas.

Como mi amiga Bertha, que dice que cuando maneja, muy despacio por cierto, y alguien le recuerda a su madre, ella acostumbra a contestar saludando cortésmente con su mano y sigue su camino. "¡Y vieras qué feliz sigo!", afirma una y otra vez.

Aplicamos lo anterior cuando recibimos ofensas inmerecidas y por supuesto que dichas estrategias se pueden utilizar con ofensas merecidas.

Hablando del merecimiento, yo me pregunto cómo le hacen ciertos políticos repudiados por los ciudadanos que reciben miles de ofensas a diario. Que en las encuestas de opinión salen reprobados por la ciudadanía, harta de sus acciones o la carencia de las mismas. Una de dos, o es mucha su desvergüenza y amor al poder, que les tiene sin cuidado la aceptación o no de la gente, o tienen la autoestima muy elevada, o el ego desmedido, o la soberbia desatada debido a la bola de lambiscones que los rodean y esto les proporciona cierto blindaje emocional.

Tal vez tuvieron una madre que también les dijo una y otra vez que tomaran las cosas de quien vienen y no dedicaran tiempo, ni mente, ni energía en críticas inmerecidas. "Al cabo son unos cuantos", tal vez les dijo su mamá con voz consoladora. Pero resulta que son merecidísimas las ofensas, probablemente no la forma, pero sí el concepto, y en mi amado México no somos unos cuantos, *¡somos mayoría!*

Tampoco se trata de tapar el sol con un dedo, sino de entender que muchas de las ofensas que podemos recibir no son bien vistas por el velo del orgullo, por el miedo de enfrentarnos a la cruda realidad o por la desvergüenza.

Identifica qué hay de realidad en lo que tanto te lastima y toma las riendas de tu vida. Es posible que te tengan sin cuidado los agravios porque tienes una coraza que te protege contra los mismos, pero nunca pierdas la verdad que puede albergar eso que etiquetas como agravio.

Por supuesto que toda ofensa pasa, cuando la verdad, la honestidad y la justicia están de tu lado y cuando evitas revivir todas y cada una de las palabras que te ofrecieron y que tú aceptaste con tu respectivo enojo y dolor. Recuerda, tú eres quien decide qué pensamientos permites en tu mente, y si los agravios fueron recibidos en algún momento de tu vida, no tienes por qué revivirlos una y otra vez. No tienes por qué seguir resucitando las emociones negativas fruto de las palabras que merecida o inmerecidamente recibiste.

Si por alguna razón la ofensa tiene que ver con actitudes reales, propias de un estilo de vida que tú deseas seguir y que no dañan a terceros, deja que los perros ladren *¡y sigue tu camino!*

Enganchado a la dificultad para perdonar

Hay circunstancias difíciles de entender cuando se trata del proceso del perdón. Hay quienes tienen una línea delimitada de lo que es permitido y lo que jamás permitirían. Incluso suelen expresar frases como:

* *"Nunca perdonaría esto..."*
* *"Jamás te perdonaría si..."*
* *"El que me la hace me la paga..."*

Muy respetable su postura. Pero hay seres que ponen el ejemplo de lo que significa no cargar con el lastre del rencor.

Hay quienes guardan tanto agravio con el paso de los años que, cuando les preguntas por qué se distanciaron,

¡ya no lo recuerdan! Pero siguen cargando con el dolor que sólo el perdón quita.

¡Qué pérdida de tiempo estar pensando una y otra vez en lo que nos hicieron y no dar vuelta a la hoja! Pésima inversión es rumiar una y otra vez las ofensas recibidas sintiendo el dolor, como si en cada recuerdo revivieran. Tú mandas en tu mente, nadie más, y no puedes permitir el libre tránsito de pensamientos desgastantes y lastimeros que destruyen tu valioso presente.

Imposible regresar el tiempo para evitar lo sucedido, y más imposible es cambiar a quien no tuvo la mínima consideración contigo y, por más que pienses en los porqués, jamás encontrarás las respuestas a todas esas preguntas, ya que cada cabeza es un mundo y el resultado de su historia personal.

Así que entre más pronto puedas cambiar la pésima calidad de los pensamientos que te atormentan, más pronto podrás salir de este círculo de dolor que proporciona un mal ejemplo a quienes te rodean y, tal vez, te tienen como ejemplo a seguir.

No conozco a nadie que haya dicho que ha sido muy feliz con el rencor a cuestas, y sí he conocido a mucha gente que disfruta su vida gracias al proceso de perdón, que inicia decidiéndolo. No se vale decir que no estás diseñado para perdonar ofensas, porque el mundo está lleno de quienes sí lo hicieron y viven en un estado de felicidad envidiable.

De entre tantas historias que he conocido, una de las que más me ha impactado, que por cierto puedes encontrar en YouTube, es la de Ricky Jackson, quien a finales de 2014 dejó su vida como preso, después de estar encerrado durante 39 años. Pero lo más impactante de esta historia es que su confinamiento *¡fue por un crimen que no había cometido!*

Desde los dieciocho años hasta ahora, que tiene 59, estuvo recluido más tiempo que cualquiera que haya sido liberado por una condena equivocada. Lo anterior, según el Registro Nacional de Liberaciones en Estados Unidos.

Lo pusieron en libertad después de que el testigo Eddie Vernon confesara que había mentido ante el juez sobre el asesinato de Harold Franks, al decir que el causante de la muerte había sido Ricky Jackson en la ciudad de Ohio, Cleveland. En aquel entonces, cuando lo acusó, Vernon tenía tan sólo doce años.

Finalmente, Vernon dijo la verdad, él nunca vio nada, y ahora que lo hizo, se siente muy aliviado. El ministro de Justicia no condenó a Vernon por sus mentiras.

Lo más impactante y digno de ser compartido es que Jackson tampoco sintió deseo de venganza. Al salir en libertad sus palabras fueron: "No lo odio. Ahora es un hombre; antes era sólo un niño y fue cuando todo esto sucedió." El expresidiario desea lo mejor para Vernon y enfatiza: "Es muy valiente lo que ha hecho y le deseo una larga vida. Estoy muy feliz de estar libre... ha sido una montaña rusa emocional." Y continúa: "No encuentro palabras para expresar lo que siento ahora."

Al ver el video de su liberación por un momento imaginé qué podría estar pasando por la mente de ese hombre al escuchar que es libre después de tantos años de privación por algo que nunca hizo. ¿Cuántos más estarán en prisiones de manera injustificada? Y después de tanto sufrimiento, reciben un "usted disculpe..."

¡Treinta y nueve años de su vida preso por un asesinato que no cometió! Y sale justificando de alguna manera al acusador por su poca madurez y al final enaltece su valentía por hablar con la verdad. ¿Cómo perdonar algo así? Y, sin embargo, lo hizo y de corazón.

Algo similar le sucedió al rey del pop Michael Jackson. Como es sabido, murió en junio de 2009 por una sobredosis de sedantes administrados por su médico personal, Conrad Murray.

Tristemente, se fue de este mundo sin saber que Jordan Chandler, el adolescente de catorce años que en 1994 lo demandó por abuso sexual, en realidad fue obligado por su padre a mentir.

Jackson estaba en la cumbre de su carrera y acababa de comprar Neverland, un pedazo de tierra que quería convertir en su pequeño país de *Nunca Jamás,* rodeado de atracciones, con la única intención de disfrutar, de una manera algo tardía, la infancia que nunca tuvo.

Cómo olvidar la escena donde el niño apareció llorando ante las cámaras acusando a Jackson de haberlo tocado sexualmente.

Al final, Jackson pagó la suma de 22 millones de dólares a Evanl Chandler como acuerdo entre las partes y la historia se quedó en eso. Este primer rumor, que resultó ser falso, invitó a otros padres a denunciar a Jackson por el mismo motivo y, como se ha demostrado en los juicios que tuvo el cantante, todo fue siempre mentira.

No obstante, este joven, ahora de 35 años, declaró a los periódicos que vivía en un constante martirio por haber acusado a un hombre inocente: "Hoy ya no puedo mentir. Michael Jackson nunca me hizo nada; fue mi padre quien mintió para escapar de la pobreza. Lamento que Jackson no esté aquí para saber si me perdona."

Evan Chandler, el padre de Jordan, se suicidó en noviembre de 2009, meses después de la muerte de Jackson. Fue encontrado con un tiro en la cabeza en su departamento, en la ciudad de Nueva Jersey. Tenía 65 años, y la pregunta es si su suicidio sería porque no pudo vivir con el remordimiento de haber inventado una mentira tan grave e involucrar injustamente a su hijo. Asimismo, ¿será ésta la razón que ocasionó el deterioro lento del astro del pop?

Increíble, pero cierto. ¿Cuánta gente sería capaz de engancharse a una mentira que destruye la reputación de otro ser humano? Y algo mucho peor, ¡enganchar a tu propio hijo a mentir a esos niveles, con el fin de salir de la pobreza! ¿Qué tipo de infancia habrá tenido el agresor?

Y si alguien conocía lo que es una historia difícil era el mismo Jackson, ya que su padre, quien trabajaba como operador de una grúa, siempre fue un hombre estricto y severo. Descubrió el talento de sus hijos y en 1962 decidió formar un grupo con los cuatro hijos mayores, sin incluir a Michael, quien en ese entonces tenía cuatro años.

Pero un día sorprendió a su madre con su impresionante talento que lo convirtió en la primera voz del grupo y así nació The Jackson 5. No había días para jugar, se la pasaban de gira de una ciudad a otra y el padre lo humillaba y golpeaba constantemente. Por eso no es de extrañar que Michael dejara fuera de su testamento a ese padre que le impidió ser feliz y, sobre todo, no le permitió tener una infancia normal, donde podría haber jugado con niños de su edad. Como él mismo lo dijo en una entrevista: "Me fue arrebatada mi infancia por trabajar." Así se entiende su obsesión por tener un parque de diversiones y todo lo demás ya conocido.

Para el *Rey del Pop* solamente había cuatro personas de su familia: sus hijos, Paris, Prince, Blanket, y el doctor Conrad Murray.

Michael no confiaba en nadie. A su habitación sólo podían entrar sus hijos y su médico. No dejaba que entrara personal a limpiar su cuarto, tenía ropa por todos lados.

Su confianza en el doctor Murray era plena, al grado de sólo permitirle a él que lo atendiera por su incapacidad para conciliar el sueño, que fue lo que ocasionó la determinación del doctor de aplicarle el anestésico Propofol, que le causó la muerte y llevó a prisión al doctor Murray, liberado tras cumplir cuatro años, la mitad de la condena, por el asesinato por sobredosis de sedantes.

Obvio que Michael Jackson es el claro ejemplo de que *detrás de una persona difícil, hay una historia difícil.*

Ambos casos son una muestra de hasta dónde puede llegar la mentira y causar tantos agravios en contra de personas como tú y como yo.

Cuántas personas existen que por situaciones que para nada se comparan con los casos expuestos no perdonan un agravio, o lo que creen un agravio, y se regodean en su rencor y orgullo. Se estancan en su papel de víctima incomprendida y siguen así por el resto de su vida, recordando una y otra vez lo injustos que fueron con ellos.

> **Engancharte al rencor nunca será benéfico y mucho menos cuando se trata de situaciones que no puedes cambiar.**

Sin afán de hacer comparaciones en la intensidad del agravio, nunca olvidaré el testimonio de una madre de familia en una de mis conferencias relacionada con el proceso del perdón, en una ciudad de nuestro México. Su única hija fue brutalmente asesinada. Al finalizar la charla, ella levantó valientemente su mano para expresar todo el sufrimiento que durante meses había albergado en su corazón, consumiéndose poco a poco por el odio que sentía hacia los agresores que seguían libres y le habían arrebatado la vida al ser que más amaba.

Hacía dos meses había tomado la firme determinación de perdonar porque sentía que no podía seguir viviendo con tanta carga. Al preguntarle cómo había dado ese paso tan trascendente con un dolor tan intenso como ése, nos dijo a todos los presentes: "No más daño. Como si lo arrebatado no fuera suficiente, no estoy dispuesta a cargar con el peso del odio y el rencor. Dejo a Dios que juzgue y yo haré hasta lo imposible por dar todo el amor en nombre de mi hija que ya no está."

Difícil entender de dónde sacó la fuerza para hablar y actuar de esa manera; probablemente, sólo la ayuda divina puede lograrlo.

> **No podemos seguir enganchados a la falta de perdón, son más las secuelas que los beneficios que tiene.**

Por supuesto hay de ofensas a ofensas, y no podemos generalizar el impacto del daño y mucho menos juzgar el proceso tan personal del perdón. Amado Nervo escribió: "Lo que nos hace sufrir nunca es una tontería, puesto que nos hace sufrir."

Te comparto tres pasos que serán un buen inicio para avanzar en este benéfico camino del perdón. Los he titulado el ABC, para evitar de una vez por todas engancharte más al resentimiento:

A. ¿Deseo aclarar algo de lo vivido?

Si existe la posibilidad y sientes la imperiosa necesidad de hablar con el agresor, hazlo, si así te lo dicta tu voz interior. En muchas ocasiones detectar el firme arrepentimiento o percibir la misma postura cínica te hace tomar las riendas de tu vida y aceptar que no puedes modificar los hechos y te enfrentas a la disyuntiva de seguir cargando este terrible lastre o soltar amarras para llegar a un mejor puerto. Si no es posible y no deseas un encuentro con quien sientes que te lastimó, continúa con los pasos que te recomiendo a continuación.

B. Decide perdonar.

Es el paso más importante y significativo; es el primer nivel en la escala del proceso gratificante que representa perdonar. Probablemente no sabes cómo lo harás, pero ya lo decidiste y representa el 50 por ciento de tu propia terapia de sanación.

C. Empieza actuando y terminarás creyendo.

Ya decidiste perdonar, ahora di, aunque sea de dientes para afuera, que perdonas y liberas. Es posible que no lo sientas de corazón, pero a costa de la repetición –al igual que la mentira– terminará por ser una realidad.

Por varios días, cuando te ataque la ansiedad por lo vivido, di que ya iniciaste el proceso del perdón. Empieza a sentir conforme pase el tiempo cómo empiezan a cambiar tus emociones o sentimientos respecto a la situación vivida. Cuando por alguna razón alguien te recuerde o desee indagar más sobre el asunto que deseas superar, procura no repetir la cantaleta que tal vez memorizaste de tanto expresarla, sólo di que es algo que deseas superar y que no vale la pena continuar con este argumento.

Este ABC me ha funcionado y lo compruebo con cada agravio que de repente recibo o tomo como tal. No puedo permitir que mi presente se amargue con cuestiones de mi pasado. *¡Día vivido, cartucho quemado!,* y no voy a malgastar los días que me quedan por revivir los peores momentos, así que para atrás

¡ni para agarrar vuelo! Prefiero aprender de lo vivido y dejar que el recuerdo se vaya esfumando poco a poco por la poca importancia que le dé. Sé que perdonar no es olvidar, pero también sé que conforme deje de ser prioridad en mi mente, el recuerdo pasará a los últimos planos de mi memoria.

Espero que leas en voz alta el siguiente acuerdo:

¡Decido no engancharme ni a las ofensas ni a los agresores que las profirieron! Decido avanzar y no retroceder. Evito a toda costa que los recuerdos dañinos se posicionen en mi mente cual vil pegamento maligno que impide la entrada a los pensamientos y recuerdos que me hacen sentir bien.

Enganchado a la mentira

Reconozcámoslo, todos hemos mentido por alguna razón, ya sea para salvar nuestra imagen, la imagen de otro, para obtener un beneficio o por piedad. Todos hemos recurrido a la mentira para salir del paso ante una irresponsabilidad o por beneficiar a alguien que importa en nuestras vidas.

¿POR QUÉ MENTIMOS?

1. Por miedo a perder algo valioso.
   Empezando por nuestra propia imagen. Perdemos algo valioso cuando la gente deja de creer en nuestra verdad, debido principalmente a nuestra irresponsabilidad, entonces recurrimos a la mentira como estrategia.

2. Por cuidar nuestra autoestima.

Podemos mentir para demostrar lo que no somos o no tenemos y por ese afán de pertenecer al grupo selecto de personas queridas y reconocidas, cometemos la peor torpeza de perder nuestra propia identidad, sólo para ser aceptados o admirados. Generalmente en estos casos más se descubre la mentira y la imagen queda más dañada que si hubiéramos dado la imagen verdadera, tal vez poco valorada pero auténtica.

3. Por piedad. Mentiras piadosas.
   * **"Claro ¡te ves muy bien!"**
   * **"Sí, ¡te quedó riquísimo!"**
   * **"¿Gorda? ¡Claro que no! Esbeltita, flaquísima."**

> **Pero qué necesidad de exagerar en halagos que se convierten en una vil adulación y todo por querer hacer sentir mejor o importantes a los demás.**

Mentiras piadosas para salir del paso en algo que se pudo solucionar con una verdad sutil, pero que por costumbre se utilizan indiscriminadamente para ayudar o ayudarte en circunstancias diversas.

4. Por dinero. Para ahorrarlo u obtenerlo.
El dinero se puede convertir en el inicio de todos los males y de múltiples mentiras, ya que conforme más se tiene más se desea.
   * **"¡Claro que te lo pago!**
   Antes de 15 días lo tendrás aquí."

¿Y qué sucede? Se olvida la promesa dada en un momento de convicción, y lo peor es que muchas veces se sabía de antemano que no se tendría y se utiliza la mentira dañina, que ocasiona la pérdida de credibilidad de quien la expresa.

5. Por costumbre (mitómanos).
Es tan fuerte la costumbre que se convierte en hábito y por lo tanto en un estilo de vida.

Después de compartir el libro *El lado fácil de la gente difícil*, donde menciono una variedad de especímenes de gente complicada —obviamente entre los cuales nos encontramos tú y yo— y en el que explico algunas recomendaciones para tratar con gente mentirosa, se me ocurrió, a manera de experimento y para poner a prueba mi capacidad para evitar la mentira, prometer durante un año completito, los 365 días, no decir mentiras de ningún tipo, incluidas las piadosas. Esas que decimos para salvarnos de momentos incómodos y peticiones inesperadas. Son esas "mentiritas sin importancia" que ya mencioné y pueden ayudarnos a salvaguardar nuestra dignidad y la buena imagen que queremos proyectar.

Por supuesto que durante todo el año me preguntaba, ¿en qué momento se me ocurrió hacer tan irrisoria promesa? ¿Cómo se me ocurrió prometer al inicio del año pasado que podría soportar no mentir ni una sola vez?

Pues, aunque lo dudes, solamente caí con una que otra mentirilla piadosa. Y la consigna era que si sostenía alguna mentira real o piadosa, tendría que corregir la situación de forma inmediata, antes de 24 horas. Ya te imaginarás qué año tan original fue para mí el 2014, pero el aprendizaje no lo cambio por nada.

Tampoco te voy a decir que mentir era mi estilo de vida, por supuesto que no, pero conforme fui avanzando con el reto detecté que las piadosas sí las decía con cierta frecuencia para salvar la autoestima o motivación de quienes me rodeaban, no para mi propio beneficio.

Comparto algunos ejemplos simples de cómo no hacía consciente el pésimo hábito de no aplicar la frase matona que publiqué en uno de mis libros: "Vale más una verdad sutil, que una mentira piadosa."

— *¿César, te gustó la sopa?*—me preguntó mi cuñada Luz Yolanda. Y la sopa escurriendo de crema, la cual por cierto no tolero, ni el olor, ni el sabor, ni mucho menos su aspecto.

La respuesta esperada en situaciones similares sería:

— *¡Sí, claro! Muy sabrosa, ¡te la bañaste!*

La respuesta dada el año pasado fue:

— *Ni la probé, discúlpame, pero veo que tiene mucha crema, mejor la dejé íntegra en el plato por si alguien más la quiere.*

— *¿Cómo? ¿No te gustó? ¿Por qué?* —preguntó mi cuñada con cierto desencanto.

— *La verdad no me gusta, ni nunca me ha gustado el sabor de la crema. Pero no importa, cuñada, pruebo el pollo que se ve muy rico.*

— *¡Qué pena!, me hubieras dicho antes y no la preparaba*—agregó.

— *No pasa nada. Me como el pollo con brócoli, ése sí se ve sabroso.*

— *Pues sí, pero no te gustó la sopa…*

— *Sí, pero es la verdad, no me gusta y nunca me ha gustado.*

— *Okey*—raquítico el okey, por cierto.

Silencio sepulcral.

Probablemente antes del 2014 hubiera hecho el esfuerzo por comerme algo de la sopa en cuestión y al preguntarme hubiera dicho que me gustó y ya. Pero es mentira y conforme vamos acumulando las mentiras que por piedad decimos, más lo convertimos en un hábito nefasto.

– *¿Mi amor, me veo gorda con este vestido?* –pregunta de mi güerita preciosa.

La respuesta obligada debería de ser:

– *¡Claro que no! Te ves muy bonita.*

¡Y santo remedio! Pero en ese duro año, no fue así:

– *Sí, un poquito. Te ves mejor con el otro, con el azul.*

– *¡Entonces estoy gorda! Mejor me pongo pantalones* –todo dicho con cierto enojo. Y el silencio incómodo se prolongó más que el de mi cuñada con su sopa…

Y al terminar dijo:

– *Mañana mismo me pongo a dieta porque ya no te gusto.*

¿Cuándo me preguntó si me gustaba? ¿En qué momento me equivoqué? ¿Por qué se molestó si ella fue quien me preguntó?

Y de lo peor que me pasó fue en una reunión en mi casa. Yo no acostumbro desvelarme, ¿será la edad?, ¿los genes?, ¿la herencia? ¿O por la cantidad de veces que me desvelé en la facultad de medicina? No sé... pero escuché a unos de mis invitados decir a eso de las dos de la mañana:

— *Se me hace que César ya tiene sueño y lo estamos desvelando.*

La respuesta que se esperaría, como buen anfitrión, sería:

— *¡Claro que no! Al contrario, estoy muy contento de que estén aquí; no tengo sueño, estoy muy bien. ¿Quieren tomar algo más?*

La respuesta de ese año lleno de retos fue:

— *Sí, la verdad sí. Tengo mucho sueño y no pensé que nos íbamos a desvelar tanto. Además mañana me tengo que levantar muy tempranito porque tengo vuelo a las 7 de la mañana.*

Hubieras visto la cara de mi esposa. Una cara con una mezcla de asombro, con tintes de pena, bochorno y enojo.

Por lo que mis invitados se levantaron, se despidieron y se fueron —gracias a Dios, porque ya era muy tarde.

Los reclamos no se hicieron esperar por parte de la güerita preciosa.

— *¡Simplemente es la verdad! Ellos me preguntaron y yo sólo respondí* —le dije.

¿En qué momento nos enganchamos a mentir a diestra y siniestra? Con el fin de hacer sentir bien a los demás no escatimamos en elogios cuando en el fondo sabemos que no es verdad. Tan sencillo sería quedarnos callados, o simplemente decir: "Si te sientes a gusto con ese suéter, póntelo."

Ah no, nos vamos a los extremos: "¡Te queda padrísimo!", escuché afuera de un vestidor en una tienda departamental.

"¡Ese color te hace ver súper delgada!" Y vieras a la persona en cuestión... Digamos que no era una varita de nardo. Estaba... no llenita: lo que le sigue de llenita, por no decir bastante rebosante.

¿Dónde lo venden? ¡¿Dónde venden los colores que adelgazan varios kilos a la gente?! Exageré, exageré, exageré. Y así se forman las mentiras.

Y ni para qué hablar de las madres amorosas y mentirosas que le dicen a sus hijitas que son las más lindas de toda la escuela. Pues obvio que cuando la niña se da cuenta de que hay muchas niñas más bonitas, caen en una triste realidad donde también se decepcionan de sus madres por mentirosas.

La recomendación es clara. Evita engancharte en la cadena de mentiras que se dicen por proteger, protegerte, animar y animarte. Mentiras que generalmente se descubren y evidencian tu poca honestidad. No vale la pena poner en juego la verdad a costa de recurrir a historias inventadas que muchas veces se te olvidan y tú mismo descubres.

Enganchado al dinero

No, ni pienses que te voy a decir lo que muchos seres con gran crecimiento espiritual o iluminados expresan en relación con el dinero: "El dinero no importa. No da la felicidad." Espero algún día expresarlo con tal certeza que solamente la libertad y el éxtasis de no tener apegos pueden otorgar.

Los que aún somos muy mundanos decimos que claro que no da la felicidad *¡pero nos acerca mucho a ella!* Remedia muchos males y facilita la vida. Pero reconozco que cuando es el único fin, se batalla horrores para obtenerlo, además de que debilita los lazos más fuertes y daña irremediablemente a millones de familias por la ambición desmedida de tenerlo de cualquier forma y, sobre todo, cuando las formas para conseguirlo son ilícitas.

Se valora cuando se obtiene como consecuencia de un trabajo honesto y bien hecho, y desconozco aún –y espero seguir ignorándolo– si se valora y disfruta igual al obtenerlo en forma ilícita.

Mientras escribía este libro estábamos en plena época electoral en mi amado Monterrey. Inevitable circular por las principales avenidas de mi ciudad sin ver los rostros sonrientes de candidatos abrazando niños, ancianos y obreros, diciendo una y otra vez las mismas cantaletas:

* "Voy a mejorar la seguridad de la misma manera en que tú cuidas a tus hijos." ¿Tanto así?
* "Necesitamos un gobierno que haga bien las cosas y a la primera." ¿Hasta ahora lo necesitamos?
* "Yo tengo la mano firme y el corazón solidario." Y espero que la conciencia siempre limpia.
* "Terminaré con la corrupción y la impunidad." Ándale pues.

Olvidan que un buen gobierno se compone siempre de la autoridad y de la sociedad, y ambas partes deben entenderse y trabajar juntas. Un verdadero gobierno está al servicio de sus jefes, que en este caso somos quienes les pagamos, tú y yo. Están al servicio de cada uno de los ciudadanos que votamos o no por ellos; pero al llegar al poder, sienten lo contrario, se convierten en seres inalcanzables que hacen lo que quieren y nos hacen sentir que nos favorecen con su venia.

Imposible olvidar una campaña donde gastaron millones de pesos en la imagen de un gobernador de un estado de la República Mexicana. Por toda la ciudad había letreros que decían "Gracias por el paso a desnivel tal", "Gracias por la clínica tal", "Gracias al profesor (porque es profesor) por agilizar los trámites del pago del predial." Nada más faltó que un día publicaran en la prensa o en un gran espectacular: "Gracias por el aire que respiramos, por su gran bondad." ¡Hazme el favor! No puede ser tanto servilismo. *¡Es su obligación! ¡Es su chamba!* Para eso está en el puesto, para servir, y él mismo lo decidió, nadie lo obligó.

Tú sabes que la realidad es muy diferente. Gobiernos van y vienen, y hay de todo como en botica. A algunos de los políticos buenos, y a la mayoría de los no tan buenos, el poder los marea y los corrompe y aprovechan hasta el último día en el poder para exprimir lo que puedan. Siempre me he preguntado si no sentirán vergüenza de ser recordados en forma negativa por tanta gente. Que sus hijos escuchen una y otra vez las tranzas de su padre o madre y si de verdad disfrutan con la conciencia tranquila los frutos de su *esfuerzo*. Recordé una pinta en una de las calles de mi ciudad que dice:

> **Vivimos en un país raro. La clase obrera no tiene obras. La clase media no tiene medios. La clase alta no tiene clase.**

Pero bueno, este libro no busca tratar temas políticos ni quitar mérito a la fuerza de la actitud positiva, porque estoy seguro de que la sociedad cada vez está más despierta y activa.

Hablando de las formas tradicionales y honestas para obtener el dinero, ¿qué opinas de quienes afirman que entre más persigues el dinero, más lo espantas?

Entrevisté a Sofía Macías, autora del *bestseller* **Pequeño Cerdo Capitalista**, y me compartió la gran cantidad de ideas erróneas acerca del dinero, en las que conviven algunas variables como la obsesión y la ignorancia.

En dicha entrevista afirmó algo que me sorprendió: quienes más piensan en el dinero son las personas que más endeudadas están y las que más problemas tienen, fruto de esa relación obsesiva con el dinero.

La manera de hacer que el dinero sea menos relevante en nuestra vida es ponerle un poco más de atención a lo siguiente:

* ¿Cuáles son mis verdaderas prioridades?
* ¿Cuáles son mis verdaderas metas de vida?
* ¿Cómo puedo ahorrar para esas metas y cómo estoy gastando mi dinero?
* ¿Lo gasto en prioridades o en la primera oferta que veo?
* ¿Uso mi crédito de manera responsable o utilizo un crédito para vivir en un estatus mayor del que puedo pagar?

Son preguntas con poder que te ayudarán a hacer una introspección sobre tu relación con el dinero.

Independiente de las preguntas anteriores, siempre he creído que cuando haces lo que de verdad te gusta y le agregas una dosis de pasión, el dinero es una maravillosa consecuencia, ya que es muy diferente ponerle atención a ponerle obsesión, lo cual por lo general complica esta sinergia con el dinero.

Estoy convencido de la verdad de este dicho popular: "De poquito en poquito se llena el jarrito", lo cual me hace confirmar que el tema del ahorro es de constancia y no de grandes cantidades, ya que muchas personas piensan que podrán ahorrar y podrán tener finanzas sanas sólo cuando ganen más dinero o se ganen la lotería.

Los pequeños esfuerzos rinden grandes frutos.

La prosperidad se va construyendo poco a poco, se arma con las pequeñas acciones; y si tienes pocos recursos, trata de ahorrar con lo que tienes.

Hablando de ese *poquito en poquito* recordé la noticia publicada hace años por el diario israelí *Yediot Ahoronot* sobre una señora de edad avanzada que toda su vida guardaba algo del poco dinero que ganaba ¡dentro de su colchón! Así, durante años ahorraba poquito, pero en forma constante sin que nadie lo supiera.

Un día, su hija quiso darle una sorpresa a su anciana madre regalándole un colchón nuevo, para lo cual tiró el viejo colchón sin saber que tenía guardados dentro de él todos los ahorros de su vida y eran el equivalente a *¡un millón de dólares!*

Madre e hija acudieron desesperadas al vertedero municipal de Khyrla, Tel Aviv. Pero otro camión ya se había llevado el valioso colchón con otras 3 000 toneladas de basura. Los trabajadores del lugar se apuntaron a buscar el colchón al lugar donde se lo llevaron, pero como podrás imaginar nunca apareció.

Ahora sí que ahorrar y poner el dinero debajo del colchón tiene sus riesgos y más por no ponerlo a trabajar.

Cuando me preguntan si creo en la gran cantidad de técnicas esotéricas que existen para atraer el dinero, siempre contesto que cuando la creencia en algo es muy fuerte, se otorga un poder enorme que puede hacer posible lo imposible. La creencia es poder. Lo importante es que tú creas que todo es posible y no importa el ritual que hagas.

Recuerdo que, hace más de quince años, en un seminario que impartí a trabajadores sobre el significado de la actitud positiva para la eficiencia en la vida, uno de ellos me dijo solemnemente que no salía de su casa sin su pata de conejo. Que la pata de conejo lo había protegido de muchas amenazas y que ahí fincaba su fe. Y en esos días, donde la prudencia no se sintonizaba con la inteligencia, le dije que era algo que no podía ser. ¿Por qué un conejo tendría más suerte? Yo sé que en muchos lugares se caza a ese animal para consumo humano y no veo dónde está su suerte. Así que queriendo aminorar esa creencia –que para mí era absurda– lo exhorté a que no cargara su patita de conejo al día siguiente y constatara que todo seguiría igual.

Efectivamente, llegó sin la pata de conejo y con toda la pierna izquierda raspada. En la mañana había sido atropellado por un vehículo en movimiento que se dio a la fuga.

¡Imagínate cómo me sentí! No vuelvo, ¡jamás!, a quitar, remover, convencer o modificar una creencia que está fuertemente arraigada al pensamiento de alguien.

Si ese alguien finca su paz, prosperidad y buena fortuna en un objeto o persona, qué bueno ¡y ya! Si alguien cree que un hilo de la capa de Walter Mercado le da suerte o una piedra traída del otro lado del mundo es lo que le da la tranquilidad y la esperanza, por mí que traigan un camión completo y se cuelguen y utilicen lo que crean que les da seguridad. "En lo que tú crees, ahí está el poder."

Ana Cortés, entrenadora personal y de negocios, escritora y conductora del programa de radio *La vida más allá del dinero,* me compartió cinco breves, pero efectivas recomendaciones para mejorar la relación con el dinero:

1. **Educación financiera**

   El conocimiento siempre da seguridad y tiene sus beneficios. Dedicar tiempo a conocer cómo se multiplica el dinero es una excelente inversión. ¿Cuáles son las reglas financieras para multiplicar el dinero? Suena algo difícil, pero no es así, ya que existen reglas muy sencillas de cómo practicar el juego del dinero, empezando en que tienes que invertir en los resultados que deseas.

2. **Reconocer que quieres más dinero**

   Pero sin culpa, ya que la culpa crea energía y esa energía genera mapas mentales negativos aun cuando nos lleguen buenas oportunidades de negocio. Siéntete merecedor de tener lo bueno y lo mejor. ¿Cuántas veces te quieren obsequiar algo y tú sientes pena o vergüenza por este hecho? Quizá te sientes culpable por recibir. Utilizas frases como "¿Para qué te molestaste?", "¡No debiste gastar dinero en mí! ¡Qué pena!", y otras más. Te recuerdo que no es ningún pecado ni molestia, porque quien te lo obsequia siente un enorme gusto en compartir algo contigo.

3. Abrir el espacio para el dinero

Como dije anteriormente, crecemos con cierta culpabilidad por obtener dinero, tal vez por la gran cantidad de veces que nos dijeron que el dinero no se da en árboles y que se batalla mucho para obtenerlo; bueno, ése fue mi caso. En serio creí que obtener el dinero siempre iba a ser sinónimo de sufrimiento desmedido. Al paso del tiempo descubrí que el dinero es siempre una consecuencia de la constancia, la disciplina y de hacer con gusto las cosas. Tarea sumamente importante es: no te quejes por todo, ya que la queja es generadora de energía negativa que acerca a ti una y otra vez motivos suficientes para que te sigas quejando a gusto.

4. Buscar o crear grupos de amistades o redes de gente

Es importante rodearte de gente que quiera aprender y acceder a tener dinero, ya que a veces te juntas con gente que siempre se está lamentando por medio de un lenguaje basado en la carencia y en la limitación. Afirman lo imposible que es obtener lo bueno y lo mejor y, por lo tanto, te rodeas de gente con energía negativa, que a causa de la repetición termina por contagiarte.

5. Hacer decretos de aceptación de dinero

Haz tus propios decretos para atraer el dinero, estar feliz y contento de recibirlo. Hay quienes creen en los decretos y quienes no. Sin embargo pienso que nunca estorba enviar mensajes al subconsciente que puedan ser tierra fértil para que las cosas buenas sucedan. Simplemente, la sensación que queda al decir una frase como ésta es muy reconfortante:

"Hoy será un día maravilloso. Pondré mi mejor esfuerzo en todo lo que haga y aceptaré las bendiciones que Dios tiene preparadas para mí."

Muy diferente a expresar en la mañana:
* "Tengo que trabajar porque no me queda de otra."
* "Estoy harto de hacer siempre lo mismo."
Creo que los decretos proporcionan la base para que lo bueno suceda, pero se requiere decirlos y sentirlos. Y también creo, porque lo he visto en personas cercanas, que engancharse a palabras llenas de negatividad siempre atraerá lo mismo.

ENGANCHADO A LA CULPA POR PRESTAR DINERO

**"Por prestar dinero gané un amigo;
por cobrarle lo perdí."**

Qué fuerte y triste situación, y si lo has vivido podrás entenderlo mejor. Hay quienes se hacen o son *tan conchas* –término utilizado en mi país para identificar a quienes tienen una coraza fuerte que se transforma en desvergüenza– que les tiene sin cuidado perder una amistad con tal de no pagar el beneficio.

Pero como bien lo sabes, no sólo en la amistad se vive eso, también en la familia.

Me contaba un amigo que tiene un hermano que constantemente le pide dinero y jamás se lo regresa, aun y cuando tiene sus periodos de prosperidad. El ciclo es así: si le presta y no tiene para pagar, el hermano le deja de hablar porque no tiene dinero para pagarle, aunque mi amigo no se lo esté cobrando.

Se desaparece del mapa por unos meses, buscando que el tiempo y la ausencia borren su saldo. Si mi amigo no le presta, también le deja de hablar por no prestarle.

Así que, en ambos panoramas, prestándole o no prestándole, le deja de hablar, ¿qué sale más barato?

La madre de ambos, que desea tener a su familia unida, mortificada y triste le pide a mi amigo que haga las paces con su hermano. "¿Cuáles paces mamá? ¡Yo no estoy peleado con él!" A lo que la madre responde con lágrimas en los ojos y claros signos de abnegación aprendidos magistralmente en películas de Libertad Lamarque y Prudencia Grifell: "¡Pues ya quiero que se hablen! ¡Me duele mucho verlos distanciados y lo que más deseo es que estén unidos!"

Y ahí tienes a este hombre hablándole por teléfono a su hermano para pedirle disculpas *¡por haberle prestado el dinero!*

Lo cierto es que todos podemos engancharnos en esta situación que se convierte en desgastante por la incapacidad para ayudar, por el sentido de solidaridad o las ganas de decir un rotundo: "¡No! ¡No quiero y punto!", porque presientes de alguna manera que quien te pide no tiene –ni ha tenido nunca– un sentido de responsabilidad en su vida y ahora tú pagas los platos rotos y muy en el fondo de tu corazón sabes que no te va a pagar. Esa vocecita interior que difícilmente falla se hace presente y te dice que nunca verás ese dinero de regreso y que, dicho sea de paso, te ha costado mucho ganar. Cabeza caliente y corazón frío se requieren en esos momentos.

Reconozco que he prestado en varias ocasiones y generalmente con el corazón caliente, y sólo en unas cuantas el dinero ha regresado y, claro, nunca con intereses.

La verdad es que es duro tener que decir *"no"*, pero la experiencia me ha enseñado que es necesario, pues la mayoría de las disputas con amigos y familiares son acerca del dinero, por eso es importante tener en mente las siguientes preguntas antes de tomar una decisión:

* ¿Estás en disposición de prestar en estos momentos?
* ¿Si ese dinero no se te devuelve en el plazo esperado, puede acarrearte problemas?
* ¿Te están pidiendo por una necesidad real o por un capricho?

Y una pregunta sumamente importante:

¿La persona que te pide dinero prestado lleva una vida de gastos innecesarios, diversiones, vicios y, para colmo, no planifica jamás sus finanzas?

Recordé a un conocido que me dijo que no tenía dinero para comprar los regalos de Navidad de sus hijos. ¡Imagínate la escena! Los días previos a la Navidad y con la sensibilidad a flor de piel, aunado a una petición con lágrimas en los ojos. Se requiere un corazón duro para no sucumbir ante tan urgente necesidad.

La misma voz interior –muy noble, por cierto– me dice que ayude en lo posible. Hago mis cálculos sobre el precio de un regalo para cada hijo y lo hago con gusto.

No sé si seas como yo, pero de repente uno se entera de cosas sin preguntar... ¿no es así? Pues unos días después de Navidad sé de un viaje maravilloso realizado por él y su familia a un famoso parque de diversiones en Estados Unidos. Entonces me enojo con mi noble voz interior exigiéndole que me explique el porqué de su sugerencia en acceder ante tal petición lastimera. Obvio, a la fecha no ha existido –ni existirá– el mínimo interés de pagar.

En esos momentos es cuando se decide hacer el enojo a un lado y no engancharse, porque de nada sirve, y el aprendizaje tiene que hacerse presente, el cual por supuesto ayuda a no tropezar con la misma piedra.

Un gran porcentaje de quienes prestan dinero a amigos, conocidos o familiares, no lo recupera jamás. Es mayoría quien pide prestado y no lo regresa, que quien sí lo hace, y mucho más en nuestro amado México. Entonces, ¿cuál es la forma más saludable para no engancharte ante esta situación?

1. *Papelito habla.* Que firme un papel que es sinónimo de compromiso. El hecho de que firme algo no significa que forzosamente lo vayas a utilizar, pero se incrementa el porcentaje de posibilidad de que ese dinero regrese si existe una firma de por medio. Puede ocurrir que la persona en cuestión se ofenda por pedirle que firme, entonces la pregunta es tuya: ¿valdrá la pena que sigas con la consigna de prestar a quien de antemano se molesta por algo así?

   Los expertos en el tema del dinero dicen tajantemente que es mejor no prestar. Pero tú sabes que hay ocasiones en las que es casi imposible negarte, y más cuando se trata de nuestra propia familia o mejores amigos. Sin embargo, si lo vas a hacer, hazlo de manera formal, así como te lo piden.

2. En caso necesario, es mejor obsequiar algo de dinero, aclarando que es por única ocasión y que no esperas el regreso del mismo, o si lo crees conveniente, pidiendo a cambio alguna actividad o trabajo para dignificar la situación.

   Obvio es una cantidad que estás dispuesto a perder porque de verdad detectas una urgente necesidad y te nace de corazón hacerlo. El vínculo que los une es fuerte y deseas que sea para siempre.

3. En caso de que sea una persona que en reiteradas ocasiones te ha quedado mal, ¿qué haces confiando de nuevo en quien te jura que ahora sí te pagará?

4. Así como mi vocecita interior me ha dicho que *sí* cuando debí decir *no,* generalmente te vuelve a hablar pero en forma más atinada cuando debes decir un rotundo, saludable y certero *no.* Cuando se trata de un amigo es bueno preguntarle: "¿Qué prefieres? ¿Que continúe nuestra amistad o que te preste el dinero?" Si dice que prefiere tu amistad, explícale que son muchos los casos de amigos entrañables que

conoces que han terminado la relación por esa causa. Si dice que prefiere el dinero, entonces el cuestionamiento es tuyo, ¿qué te hace creer que te lo va a regresar si no existe un vínculo sólido como lo es la amistad verdadera?

ENGANCHADO A TENER LO QUE NO NECESITAS

* "Es que está en oferta…"
* "Es que viene mucho…"
* "Mejor lo compro ahorita porque se puede necesitar…"
* "¿Y qué, no vas a comprar nada? ¡Está todo baratísimo!"
* "Por supuesto que no lo tiro, porque se puede ofrecer…"

Tengo la gran fortuna de conocer a un matrimonio que aprecio mucho y que actualmente vive en Puerto Rico, Arturo y Paloma. Los dos en segundas nupcias. Ella budista y él católico. No obstante sus creencias religiosas diferentes, para mí son un matrimonio ejemplar donde el amor y el respeto se perciben de forma inmediata.

Arturo es uno de los empresarios más prósperos y exitosos en la isla, dueño de varias compañías, reunió su fortuna gracias a su esfuerzo, tenacidad y constancia, pero conserva la humildad que no cualquiera, en circunstancias similares, puede tener.

Me invitaron a dar una conferencia con motivo del cumpleaños de mi querida amiga Paloma, deseaban invitar a sus mejores amigos a escucharme. El evento fue un éxito y al día siguiente nos invitaron a mi asistente y a mí a dar un paseo en un helicóptero de su propiedad, lo cual resultó ser una experiencia inolvidable. Conocer Puerto Rico desde el aire le da un toque especial que jamás borraré de mi mente. Pero la sorpresa más grande me la llevé cuando hicimos una escala en su casa. Yo imaginaba una mansión *ad hoc* a la investidura de él. Pero no. Viven en un sencillo, pero confortable departamento con una maravillosa vista a los jardines del lugar. Al entrar, se aprecia un hermoso altar en honor a Buda y a otras deidades. Una amplia estancia y tres o cuatro habitaciones de tamaño regular, además de la sala, comedor y cocina. Mi asombro se hizo presente, el cual fue detectado por los anfitriones.

Mi amiga Paloma me dijo: "Sé que te asombra la forma sencilla en la que vivimos, pero he convencido a mi esposo de no tener cosas que no utilizamos. El budismo me ha enseñado que llenarte de cosas te vacía de lo más importante."

Me mostró cajones vacíos, los clósets de ambos con poca ropa, sólo la necesaria y la que utilizan y, sin afán de presumir, para nada comparado con mi clóset, que en ese tiempo –literalmente– se caía por tantas prendas que no utilizaba, de las que me era difícil desprenderme, con las típicas barras que muchos utilizamos: "Por si después se me antoja utilizarlo", "por si después me queda."

Gracias a Paloma y a Arturo, regresé de ese viaje cuestionado sobre lo que había aprendido y constatado. Con la espina clavada de que comprar sin medida puede ser un signo de carencia o de vacío.

Identifiqué su procedencia y te puedo asegurar que he avanzado a pasos agigantados para no comprar lo que por impulso me nace y no necesito. Por supuesto que caigo ocasionalmente, pero nunca como antes. Te pido que en este momento hagas un breve análisis de las cosas que has adquirido y que olvidaste en un cajón o que ya ni recuerdas.

El presidente de una asociación de compradores compulsivos me decía en entrevista que tanto él, en periodo de abstinencia, como toda la gente que cae en las garras del consumismo, tienen un común denominador: una carencia que intentan suplir con cosas. Mientras no dediques el tiempo a enfrentar y analizar esas carencias, difícilmente frenarás el impulso de engancharte a lo que no necesitas y crees o intentas convencerte de que te da felicidad.

Tengo que aceptar que durante dos o tres años de mi vida, cuando sentía que algo no sucedía como yo quería, me gustaba ir a comprarme una corbata o una camisa. Así es precisamente como inicia el problema de comprar lo que no necesitamos, sólo por sustituir una carencia. Cuando el problema crece, te convierte en comprador compulsivo y el sentimiento es similar a la euforia que provoca el alcohol u otros estimulantes y, al igual que quienes padecen una adicción, es difícil mantenerse alejado de esa sensación de placer.

A veces la gente adquiere objetos como una forma de lidiar con su descontrol, ya que cuando compra retoma el control. Pero, sin lugar a dudas, mucho tiene que ver con la infancia. Padres y madres que sustituían el tiempo con cosas para lidiar con la culpabilidad que les producía no estar con sus seres queridos, o por haber creído que con bienes materiales sustituían el tiempo, los detalles y el amor que sólo las palabras y los abrazos pueden proporcionar.

Otra teoría es que compramos como una forma de lidiar con nuestros miedos a la muerte o a la inevitabilidad de la muerte.

Los psicólogos lo ven como un problema de control de los impulsos en lugar de una señal del trastorno obsesivo-compulsivo (TOC). Los medicamentos para este trastorno no suelen funcionar para los problemas de compras.

No existe una línea definida entre consentirte con un par de zapatos tras un mal día y ser un comprador compulsivo.

El problema surge cuando ir de compras es un escape para evitar los problemas o los sentimientos sobre alguna situación. "No pensar, mejor comprar."

La mejor recomendación para quienes padecen este tipo de obsesión es olvidarse de las tarjetas de crédito y pagar en efectivo. Ver la cantidad de dinero que se paga en forma tangible, ha hecho que quienes están enganchados en las compras puedan hacerlo consciente.

Otra recomendación de los expertos es hacer la lista de lo que de verdad necesitan y tener la firme determinación de cumplirla, además de otra recomendación importantísima: apoyarse en la compañía de alguien que comprenda el problema y ayude a mantener el control.

Recuerdo a un terapeuta que en el programa de radio dijo textualmente: "A quien va de compras y padece el enganche por éstas, le es irresistible detenerse. Inicia con la firme determinación de esperar 24 horas antes de comprar algo y frena el impulso. Al día siguiente, detecta que no era importante lo que deseaba. Ese tiempo ayuda a 50 por ciento de las personas a bajar la excitación que produce comprar algo y tener el tiempo para reconsiderar."

Existen ciudades donde hay grupos de deudores anónimos, cuyos voluntarios trabajan las 24 horas y que, como otros grupos de autoayuda, siempre son de gran beneficio. Nadie comprende mejor a quien sufre un problema que alguien que lo ha vivido.

Conocí a una mujer que padece de esto, aunque tengo que decir que para ella no es problema, digamos que es un estilo de vida. Mirta tiene los recursos para dar rienda suelta a su compulsión y un marido a quien le tiene sin cuidado su vida. Hijos que también tienen muchas cosas qué hacer y ríen cada que la madre llega con nuevas joyas, bolsas, zapatos y demás.

Ella es feliz comprando y comprando cosas y más cosas, principalmente joyería. Guarda sus alhajas en bolsitas de plástico con sellador y riendo me dice:

— *Ya no cabe nada en mi caja fuerte.*

— *¿Para qué quieres tantos anillos, dijes, pulseras y relojes, Mirta?*

— *¡Es que me encantan!* –responde.

– ¿No tendrás una compulsión?

– ¿Yo? ¡Claro que no! Lo hago porque me gustan mucho y ya, pero cuando quiera dejo de comprar.

– Sí, cómo no… –pensé.

Así contestan todos los que padecen un tipo de adicción. "Cuando quiera lo dejo", y no es así.

Al analizar su vida, a leguas se nota que el marido no la quiere, la aguanta. Él lleva su vida por su lado, sus tres hijos hacen su vida como les da su gana, se van todos los fines de semana de fiesta, la cual se extiende hasta altas horas de la noche y no existe domingo o día familiar, algo que a Mirta siempre le hubiera gustado. Para evitar el aburrimiento, ¿qué hace? Se va de compras. Llega eufórica viendo todo lo que compró, pero lamentablemente dicha euforia dura unas cuantas horas.

Su marido, con cara de fastidio, me dijo un día:

– Es algo que a ella le encanta y pues, ¿qué le vamos a hacer? Lo único que me molesta –y mucho– es que compre dos veces la misma prenda o joya. ¡Porque no se acuerda que ya la tenía!

– Pablo, ¿y no te das cuenta de que tiene un problema de obsesión por las compras? ¿Que está buscando suplir carencias afectivas comprando compulsivamente?

– No, no creo. No le falta nada –me contestó con la misma cara de aburrimiento.

Además, se provoca un gran conflicto si tenemos cosas que consideramos valiosas y luego las perdemos en un instante. Probablemente ni utilizas determinado objeto, llámese un reloj, un anillo o cualquier prenda que consideras de valor pues está siempre guardada por temor a que se dañe, se pierda o sea robada. Olvidamos que las cosas que de verdad valen son las que utilizamos, compartimos y disfrutamos.

Me gusta esta historia que compartió Andrew Weil, investigador de la Universidad de Harvard:

Los meditadores tailandeses cuentan una historia que ejemplifica el cambio de actitud hacia las cosas que experimenta una persona con años de práctica meditativa. Un abad muy importante fue de viaje a China para conocer algunos monasterios budistas de ese país. En el primero que visitó, le regalaron una taza de té muy hermosa. Era la vasija más bella que jamás había visto y, de hecho, era de una porcelana muy valiosa y sus pinturas estaban realizadas por un maestro muy reconocido. Estaba muy contento con el regalo. Pero al cabo de unas horas, ya de noche, en su alcoba, pensó: "¿Cómo la puedo envolver para que no se dañe en el viaje de regreso?" Y empezó a sufrir por ello.

Cuando llegó el día de la partida, puso cuidadosamente la taza en un cofre y le dijo al muchacho que conducía la carreta del equipaje: "Lleva en tu carreta esta caja, pero ten mucho cuidado con ella; en su interior hay una taza muy frágil. Ay de ti, si se rompe."

Durante todo el viaje estuvo preocupado por la taza: "¿Y si me la roba ese joven diablillo que conduce la carreta? ¡Cómo seré tonto! ¿Por qué le habré dicho que la taza es tan valiosa?"

Pero la taza llegó sana y salva al monasterio. De inmediato, el abad le enseñó el presente a todo el mundo y eso le hizo sentir muy bien, pero al día siguiente le entraron dudas sobre dónde debería de guardar ese magnífico obsequio. El tesorero, buen amigo suyo, le dijo: "Creo que la deberíamos de guardar en la cripta para evitar que se rompa." Pero el abad la quería poner en el sitio más visible del lugar, en el comedor comunal y así se inició una encendida discusión entre los dos viejos amigos. Cuando el debate estaba llegando al punto más elevado, un joven novicio tomó la taza para verla mejor, se le resbaló y cayó rompiéndose en mil pedazos. Entonces el abad sintió algo que le sorprendió, él que era un hombre sabio… pensó: "¡Qué alivio! ¡Por fin soy libre de esa maldita taza que sólo me ha robado la paz!"

Nos enganchamos a las cosas materiales y muchas veces innecesarias, pero que el ego nos dice cuán valiosas son.

Una mujer me comentó que no le gustaba visitar con sus pequeños hijos a su mamá. La mujer veía que su madre se molestaba al ver que los niños ponían sus manitas en la mesa de mucho valor, y más se enojaba al ver cómo agarraban sus frágiles figuras de porcelana que adornaban varios espacios. La madre, con lágrimas, le reclamaba por qué era tan ingrata y no la visitaba. Cuando escuchó la razón, contestó que fuera sin los niños o que los educara para que no tomaran lo que no deben. *¡Zas!*

Creo que los niños a determinada edad deben respetar y no tomar lo que no deben, ¿pero niños menores de dos años? ¿Cómo?

Me pregunto, ¿no podrá guardar por una temporada esos objetos tan preciados para recibir a quienes son verdaderamente valiosos?

No cabe duda de que el acelere en el que vivimos, aunado a la necesidad de querer algo en este preciso momento, puede fomentar un estrés tremendo y una avaricia desmedida. Por lo mismo se han peleado amigos para siempre, se han separado familias y se ha provocado la muerte de mucha gente por el coraje de no tener todo lo que se desea en la vida.

Un joven empresario, hijo de una familia que conozco desde hace años, entabló una demanda en contra de su hermano porque no le pagó un dinero que le prestó, ya que se retrasó en el pago por la repentina enfermedad de la esposa. Éste le suplicó pagar en dos meses posteriores a la fecha, a lo cual, el joven, enfurecido por no recibir su dinero en el tiempo estipulado, se olvidó de las súplicas de sus padres y del resto de la familia. Lo demandó, no sin antes lanzarle una serie de insultos y amenazas por su poca responsabilidad. Un caso muy comentado en mi ciudad, y más porque el hermano que prestó el dinero tiene suficiente para vivir el resto de su vida, no sólo él, sino sus dos o tres generaciones venideras. La bonanza y la prosperidad, fruto de su trabajo, han estado de su lado siempre, lo cual no ha sucedido con el resto de su familia.

Obvio, no es justificable que no se le pague pero, ¿en qué momento perdemos el piso y llegamos a esos extremos con un hermano, sólo por querer a tiempo, en ese preciso momento, el beneficio?

Reflexionando sobre eso, recordé un cuento que hace muchos años me compartieron y que me dejó un gran aprendizaje:

La muchedumbre se apretujaba contra el puesto del vendedor de huevos en el pequeño mercado pueblerino, pues habían oído hablar del maravilloso ganso de plumas blancas que ponía huevos de oro, y miles iban a ver aquel espectáculo con sus propios ojos. Oprimían su dinero con fuerza y gritaban que querían comprar un huevo de oro. El comerciante estaba emocionado, pero al mismo tiempo desesperado pues no podía atender a toda aquella aglomeración de compradores, ya que sólo podía proveer a un cliente por día; el ganso sólo ponía un huevo diario. Los demás tenían que esperar al día siguiente.

Como el codicioso mercader no estaba satisfecho de su suerte y ansiaba más huevos, se le ocurrió una idea que él consideró espléndida. ¡Mataría al ganso y así, en el interior del animal, hallaría todos los huevos!

La multitud gritó emocionada, eufórica cuando supo lo que se proponía hacer el mercader. Éste afiló cuidadosamente su cuchillo y lo hundió en el ave. La gente contuvo el aliento, mientras miraba surgir la sangre, goteando entre las blancas plumas. Poco a poco, se esparció sobre el mostrador una gran mancha roja.

La gente y el mercader quedaron impactados y desesperados ante la triste realidad. Allí estaba aquel ganso, con el cuerpo deshecho y sin un solo huevo dentro.

—Ha matado al ganso que ponía huevos de oro —dijo con tristeza un viejo agricultor.

La gente se apartó con disgusto del puesto y se alejó lentamente.

Por supuesto, este cuento puede ser interpretado de muchas maneras.

Matamos al ganso de los huevos de oro cuando sobrecargamos nuestro cuerpo y mente porque deseamos ganar más dinero a costa de la saturación. Todos tenemos un límite y, por el afán de ganar más, nos olvidamos de lo que es importante.

Matamos al ganso de los huevos de oro cuando nos esforzamos en tener los beneficios a corto plazo y nos desespera el tiempo que se requiere para que las cosas sucedan y maduren. Olvidamos otorgar tiempo de calidad a la gente que amamos. Por supuesto, de lo que más nos vamos a arrepentir no es de lo que hicimos, sino de lo que no hicimos, de lo que no amamos, de lo que no expresamos. El tiempo es oro y más cuando se trata de nuestra familia. Es de todos conocido que el principal problema que viven las parejas en la actualidad es la falta de comunicación con todas sus variantes. La falta de diálogo y el poco tiempo que destinamos para escuchar las necesidades o los sentimientos de nuestros hijos nos cobran una factura enorme al paso de tiempo, situación que nos hace lamentarnos por haber matado al ganso del tiempo que vale oro.

Matamos al ganso de los huevos de oro cuando dejamos de destinar tiempo de calidad en un trabajo por la distracción que representan las redes sociales. ¡Más del 30 por ciento del tiempo laboral se destina a perderlo de ésta y otras maneras en la mayoría de las empresas! O peor, por flojera, apatía o desidia descuidamos el trabajo y nos privamos de crecer dentro del mismo. Increíble la gran cantidad de personas que no valoran lo que tienen y dejan una pésima imagen donde un día se les abrieron las puertas y todo por el mal hábito de la irresponsabilidad que los ha acompañado toda su vida. No hay trabajo indigno, hay quienes hacen indigno el trabajo. Hay quienes dicen que no son flojos, sino que nacieron cansados. ¡Zas!

Por supuesto, matamos al ganso de los huevos de oro cuando perdemos la confianza en quien, en un momento de crisis, nos pidió ayuda económica. Juró y perjuró que regresaría el préstamo y, simplemente, se hizo ojo de hormiga. Y lo peor, al paso del tiempo, quien estaba en crisis está en abundancia y no recuerda sus deudas. Qué triste que se pierda una amistad por cierta cantidad de dinero.

Mención aparte merecen las familias que se desintegran cuando existe un conflicto en el cual todos deberían de participar.

Me compartieron el caso de una señora de 75 años, viuda, madre de cinco hijos, tres varones y dos mujeres, que sufrió un accidente cerebro-vascular y no tenía seguro de ningún tipo. Una de las hermanas, en su desesperación, le habló al hermano mayor para preguntarle a dónde la llevaba, a lo cual él le respondió: "A donde tengas el dinero para pagar su hospitalización." O lo que es lo mismo, pero en otras palabras: "Haz lo que puedas, a mí no me embarres." Para no hacer larga esta historia, de los cinco hermanos, sólo dos se hicieron cargo de los gastos y, lo que es peor y más desgastante, nada más ellos dos estuvieron para cuidar en turnos a su madre que estaba imposibilitada para moverse. Triste realidad que viven miles de familias en el mundo por no prever ni involucrarse en algo en lo que todos deberían colaborar, de acuerdo con sus posibilidades. La razón por la que no participaron los otros fue la supuesta falta de tiempo o dinero, pero no creo que no haya alguien que no pueda ser solidario de alguna manera con quien le dio la vida. Claro que matamos al ganso de los huevos de oro por la imagen que se pierde y la gran decepción que se genera entre los miembros de la misma familia.

Nadie es tan pobre ni está tan ocupado, que no pueda compartir un poco de su tiempo o dinero entre quienes más lo necesitan. Como decía Epicuro:

"¿Quieres ser rico? No te afanes en aumentar tus bienes, sino en disminuir tu codicia."

ENGANCHADO A LO QUE TODO EL MUNDO COMPRA

Recordé una serie de televisión que, a través de cámaras escondidas, demostraba cómo la gente se engancha en comprar lo que todos compraban por la demanda que tiene.

Un hombre ofrecía su mercancía en la calle, la gente pasaba sin detenerse. De pronto se detuvieron dos personas a preguntar el precio y luego pidieron dos de los productos que ofrecía, llegó un tercer individuo y también compró. Dos transeúntes se acercaron a ver qué es lo que vendía con tanto afán y, al ver que los demás estaban comprando, de inmediato sacaron su cartera para adquirir lo mismo.

En ese momento se acercaron dos curiosos más y uno de ellos también compró. La escena se repetía cada hora cuando los mismos tres primeros *compradores* se acercaban y dizque compraban para atraer a la gente a la misma acción. Obviamente, eran *paleros* que trabajaban para el vendedor y, utilizando la técnica de imitación, la gente caía rendida a los encantos de algo que tal vez no necesitaban pero que se vendía mucho.

O como mi esposa me dice: "Viene mucho este tipo de suéteres" –me pregunto: "¿De dónde vienen?" –indicando que debería comprarse uno porque se está usando mucho o la moda lo dicta. Enganchados a lo que dictan los diseñadores que cambian todo el tiempo sus tendencias para vender más.

Viene mucho el rojo. Ahora viene mucho el azul. O los zapatos con plataforma y luego sin plataforma; ahora los zapatos con tacón en punta; ahora ya no, los zapatos vienen con tacón ancho, y sigue la cantaleta.

Lo mismo veo en la ropa que utilizo para trabajar; se usaban los trajes de tres botones, ahora los de dos. Ya no se usan los de dos, porque ahora la moda dice que son cuatro. Y luego la misma moda dijo que los trajes cruzados estaban *in* y los trajes de botones al frente están *out*.

Lo cierto es que nos enganchamos en comprar y a veces de más. A las mujeres no les gusta repetir ropa en fiestas porque: *"¿Qué van a decir?"*, y obvio nos enganchamos en lo que la sociedad dicta o nos convence de que las cosas deben ser de determinada manera.

El acelere constante, la influencia desmedida de los medios y de la gente que nos rodea, nos hace imitar sin tenernos piedad y muchas veces enganchados a deudas que se traducen en penas, ansiedad y estrés.

* ¿No sería más fácil la vida si analizáramos esas razones que nos motivan a engancharnos a lo que no necesitamos?
* ¿Qué carencias tengo?
* ¿Por qué no logro frenar el impulso de comprar?
* ¿Desde cuándo?
* ¿De quién lo aprendí?

Responder estas preguntas te dará las estrategias para iniciar un cambio radical en tu vida que dará frutos inmediatos, pues al final de los tiempos, nada nos vamos a llevar. ¿O sí?

Enganchado a la ansiedad

¿Ansiedad o estrés? Se pueden confundir ambos términos o creer que son lo mismo y, sin embargo, no es así. Aunque los signos y síntomas son muy similares, principalmente taquicardia, sensación de miedo o peligro, aumento en la respiración, sensación de vacío en la boca del estómago, entre otros, la gran diferencia radica en que el estrés se presenta por algo conocido, identificado y desaparece cuando lo que lo provocó deja de afectarnos. Por ejemplo, te estresó mucho saber el diagnóstico de una enfermedad que te aqueja. Cuando te dicen que no es nada grave, el nivel de estrés disminuye hasta cero y sigues con tu rutina normal.

En cambio, la ansiedad se presenta por algo desconocido o que no se identifica con claridad. Es ese miedo a *algo*, puede ser real o no, pero la mente lo magnifica de una manera irracional, y por lo general no desaparece al terminar la situación que creías que lo ocasionaba.

* "¿Y si me enfermo?"
* "¿Y si me deja de querer?"
* "¿Y si pierdo mi trabajo o me quedo sin dinero?"
* "¿Estarán hablando de mí?"

Son pensamientos que pasan por la mente de una persona ansiosa y muchos de ellos son infundados; están basados en suposiciones o carecen de cimientos y, sin embargo, ocasionan todos los signos descritos. Y cuando ya no está lo que se cree que origina esos signos incómodos relacionados con la ansiedad, aún se siente ese miedo inminente de que algo puede ocurrir; la mente busca una razón o inventa algo más de qué preocuparse.

Triste situación la que vivimos los seres humanos. Tenemos una mente privilegiada que nos diferencia de otros animales y, sin embargo, somos los seres que vivimos con más ansiedad, debido a esa mente desarrollada.

Por supuesto, la ansiedad constante es tierra fértil para provocar enfermedades. Una vez un conocido me dijo: "Mira la cantidad de fuegos que me salieron en la boca. ¡Qué bueno que no me salieron la semana pasada cuando tuve esa presentación en la junta anual que me desgastó tanto!"

Lo que él no sabe es que esos fuegos (o herpes) salieron precisamente fruto de la tremenda ansiedad a la que estuvo sometido durante varios días y, posterior a ello, bajaron sus defensas; la ansiedad le provocó este cuadro. Cuando tenemos ansiedad, se libera la hormona cortisol, la cual se eleva cuando hay una amenaza inminente y nos prepara para la acción o la huida. Cuando la amenaza ha desaparecido, el organismo deja de estar alerta y aparece una debilidad acumulada por tanto impacto emocional, es cuando el aparato inmuno-lógico o de defensa está muy débil y puede ser atacado por las infecciones.

¿Te ha sucedido que después de una crisis de estrés o ansiedad, te enfermas? ¿Que después de mucho trabajo, te da una gripa tremenda?

Como lo he afirmado siempre. Me enfermo de gripa una vez al año pero en las vacaciones de Navidad o de verano. Así lo tengo decretado para que no afecte mi trabajo. Lo que hasta hoy entiendo es que antes de esas vacaciones estoy sometido a mucho trabajo y a cierto grado de estrés y después bajan las defensas. *¿Será por eso que me enfermo en esa época o será por la fuerza de un poderoso decreto?*

Los dos factores que más provocan ansiedad son el trabajo, cuando se tiene mucho y cuando no se tiene, y las relaciones interpersonales conflictivas. Dos factores identificados, pero con los que la mente puede provocar un sinfín de variables que son carentes de sentido. Inventamos una y mil historias relacionadas con el trabajo o con la gente y esto es lo que provoca más ansiedad.

La mente de una persona ansiosa trabaja como una lupa que magnifica todo lo que pueda ocasionar conflicto y se convierte en una amenaza; busca cualquier situación para mortificarse y amargarse la existencia. Dos sucesos personales son dignos de compartirse en este momento, relacionados con la ansiedad que pudo evitarse: recientemente estuve en una casa de playa invitado por unos amigos muy queridos de República Dominicana. Unos excelentes anfitriones que abrieron las puertas de ese lugar increíble al grupo de diez amigos de México, Centro y Sudamérica que procuramos reunirnos cada dos años para celebrar la amistad que se remonta desde 1995.

Al llegar se me hizo muy original el nombre de la casa: "Quinta Cacata". "¡Qué nombre tan raro! Tengo que preguntar qué significa", me dije en varias ocasiones. Y cuando quería cuestionar el

César Lozano

> Siempre he creído que dentro de la gran variedad de razones que provocan la falta de conocimiento, una es de verdad necesaria para vivir en paz: la falta de conocimiento que surge de no preguntar. Esa maravillosa y bendita ignorancia ante lo que es mejor desconocer. El que busca encuentra; al que pregunta se le responde.

nombre, olvidaba lo que quería preguntar (Gracias a Dios).

Fueron cuatro días maravillosos en los cuales me desconecté de todos los pendientes, además de llenarme de energía que sólo la familia y los buenos amigos pueden proporcionar. El día previo a la partida, me llegó la *iluminación* y recordé lo que durante los tres días previos quería preguntar, *¿por qué se llama Quinta Cacata?* La bella anfitriona me contestó con toda calma y naturalidad: "Porque aquí hay muchas cacatas." Y entonces mi afán de conocer y aprender cosas me hizo preguntar el significado de *cacata,* a lo que ella respondió: "Aquí en República Dominicana se les llama así a unas arañas que abundan en este lugar."

Al momento de escuchar la palabra araña –al igual que la palabra víbora– me da un estremecimiento que difícilmente puedo explicar. Una ansiedad –o temor– acompañado de sudoración, que por alguna razón en mi infancia quedó tremendamente arraigada por alguna experiencia que no recuerdo, o tal vez, si existe la reencarnación, en mis vidas pasadas sufrí con esos animales tan repugnantes para mí, en especial, las tarántulas.

– *¿Aquí hay muchas arañas?* –pregunté.

– *Sí, muchas. En todo el jardín y dentro de la casa* –respondió. Yo guardé silencio.

– *Pero no hacen nada. ¿No las has visto?* –preguntó con una naturalidad como si preguntara si había visto pajaritos.

– *Disculpa, Sandra, ¿y qué tipo de arañas o cacatas son?* –pregunta formulada con un ligero temblor en mi voz.

– *Son unas grandecitas con pelitos, pero no hacen nada.*

Entonces le preguntó a uno de nuestros amigos:

– *¿Freddy, cómo se llaman las cacatas en México?*

– *¡Tarántulas!* –se escuchó la voz de Freddy a lo lejos.

Al escuchar esa palabra la ansiedad se incrementó, busqué si había alguna cerca de donde estábamos sentados y levanté levemente ambos pies. Entonces mi mente tuvo un retroceso a la cantidad de veces que me levanté descalzo, la puerta abierta de la cabaña en la que dormía y mi maleta abierta de par en par en el suelo de la habitación, los tenis que me ponía cada mañana sin revisar su interior.

¿Crees que dormí esa última noche? ¿Te puedes imaginar cómo revisé la maleta y cada prenda? Aunque no hacen nada, aunque esos animalitos se consideran indefensos, no los tolero ni en fotografía; ¿será por feos y peludos? ¿Imagínate que ese mismo parámetro lo utilizara para todo? Bendita ignorancia que debemos tener y no preguntar de más.

El segundo acontecimiento personal que considero digno de comentar en relación con el tema de la ansiedad, sucedió cuando mi hijita tenía una competencia de baile en Las Vegas. Mi esposa, mi hijo y yo tomamos nuestra semana de vacaciones para acompañarla en tan importante evento. La competencia era de dos días y nos quedamos siete –por si algo se ofrecía... por cierto, no se ofreció nada.

El primer día en Las Vegas, vi un anuncio donde invitaban a vivir la experiencia de tirarse en paracaídas desde un avión a quince mil pies de altura. Cometí la imprudencia de decirle a mi hijo que ése era, precisamente, uno de mis sueños más preciados: vencer el temor que desde hace mucho tiempo he tenido a las alturas y hacer realidad el dicho: "No hay mejor forma de vencer un miedo, que enfrentarte a él." Aclaro que no es temor a viajar en avión –si no ya estaría desempleado–, me refiero al impacto que se ha de sentir en caída libre.

Mi hijo, con mucho entusiasmo, me dijo: "¡Vamos! Yo me tiro contigo." "No, claro que no. Mejor en otra ocasión. Además –dije– no te dejarán porque tienes 19 años y ha de ser para mayores de 21."

En menos de media hora, mi hijito me tenía la *sorpresa* de que ya había reservado para dentro de siete días esa experiencia. Y para colmo, él también podía vivirlo.

Lo que era un viaje de relax y celebración por el triunfo del equipo de baile de mi hijita se convirtió en una semana de ansiedad constante por lo que viviría al final. ¡Durante las noches, hasta el sueño se me iba!

Veía desde mi habitación en un piso 22 lo lejano que estaba el suelo y aseguraba que ni de esa altura me atrevería a tirarme, mucho menos de quince mil pies de altura.

* "¿Y si no se abre el paracaídas?"
* "¿Y si se enreda?" –como en el episodio que vi en la serie *Los videos más sorprendentes del mundo.*
* "¿Y si se desmaya o le da un infarto a la persona que se tira conmigo o con mi hijito?"

Y me enganché a una dosis triple de ansiedad cuando recordé que mi hijito viviría la misma experiencia, y me preguntaba una y otra vez ¿en qué momento se me ocurrió abrir mi boca?

Y ahí me tienes despertando a mi hijo a las tres de la mañana para decirle que mejor otro día viviríamos tan original experiencia, a lo cual recibí una respuesta que me dejó petrificado:

– *¿A poco tienes miedo?*

– *¡Por supuesto que no! ¡Miedo no!, digamos que es pre-cau-ción.*

– *Papi, ya duérmete. Además, tú siempre me has enseñado que no debemos de preocuparnos por el futuro. Siempre me has dicho que hay que vencer los miedos y eso vamos a hacer.*

– *Mejor duérmete, ¿sí?*

Silencio total. ¿Así o más claro?

Por supuesto, pude ser firme en *mi precaución* –por no decir terror que sentía en ese momento–, pero no, el ego y orgullo de demostrar que no hay que temer, fue más fuerte, al igual que el insomnio durante las siguientes noches.

En mis oraciones le decía a mi Dios que si era su voluntad dejar para otra ocasión esa vivencia que pusiera las señales, y cosa rara en Las Vegas, cayó una tormenta tremenda una noche anterior al día estipulado. Y dije, ésta es la señal.

"Cesarito, mañana va a estar el día igual y nos van a cancelar." Así que ni modo. Disfruté el espectáculo del Cirque Du Soleil con mucha alegría.

Nos fuimos a dormir y la tormenta continuaba, lo cual me hizo agradecer los dones de la lluvia cayendo en ese desierto sediento, para impedir el vuelo de avionetas con gente que gusta de emociones extremas y uno que otro envalentonado temporal que abre su boca y programa algo de lo que después se arrepiente.

Me levanté muy temprano, abrí la ventana para ver caer la lluvia y en su lugar ví un amanecer resplandeciente, sin una nube y con un sol a punto de brillar con toda su intensidad. ¡No puede ser!

En ese preciso momento me llamaron a la habitación para informarme que ya estaba listo el vehículo para llevarnos a vivir la mejor experiencia de nuestras vidas.

La taquicardia estaba con toda intensidad, la respiración igual y la emoción de mi hijo me encrespaba más los nervios.

Mi esposa se levantó y me dijo al oído: "¡Di que no van y ya!" "¡No! Por supuesto que no", dije. Ella, por razones obvias, no fue, porque siempre ha estado en contra de cualquier emoción extrema y más las relacionadas con su hijo. Nos dio la bendición y ahí vamos, yo orando porque regresaran las nubes que la noche anterior habían causado tantos estragos en la ciudad.

La clase, la técnica, la subida al avión y la advertencia: "Si alguno de ustedes dice una sola vez que no desea tirarse del avión, a la primera petición les tomamos la palabra. No les insistiremos y no se les permitirá realizar el salto."

Así que callado, César Lozano. Ni se te ocurra decir que *siempre no* porque te toman la palabra.

Tengo que decir que mi actuación previa fue magistral. Mi sonrisa de lado a lado porque me fueron grabando durante todo el ascenso y hasta grité de alegría desbordante (tipo gringo) –pero aquí entre nos, el terror iba en ascenso.

Llegó el momento de abrir la puerta del avión y ver cómo los primeros dos hombres y una mujer se tiraban acompañados de su instructor. Mi turno era el cuarto y mi hijo el décimo y último, y en esos momentos mi sonrisa desapareció y estuve a punto de decir que mejor los acompañaba al aterrizaje de la avioneta. ¡Pero no! El orgullo y valentía –¿o insensatez?– fueron mayores y ahí voy.

Tengo que reconocer que fue una de las experiencias más maravillosas de mi vida. La sensación que proporcionan los 45 segundos en caída libre es muy difícil de describir, al igual que cuando se abre el paracaídas.

¡Por supuesto volvería a vivirlo! ¡Por supuesto no me arrepiento para nada y recuerdo la experiencia como algo sumamente especial! Compré los dos videos, el de mi hijo y el mío, como testimonio de que sí se pueden vencer los miedos, pero indudablemente lo más importante fue que aprendí a no engancharme a la ansiedad por un futuro que uno mismo decide.

No puede ser que haya desperdiciado momentos importantes con mi familia por estar enganchado al miedo de algo que yo mismo decidí y cuyo desenlace desconocía.

Muchas veces he cometido errores de los cuales me lamento, algunos pude evitarlos, otros no. Pero sin lugar a dudas, uno de los errores más grandes es vivir por adelantado en forma negativa sucesos que no han ocurrido o que probablemente no ocurrirán.

¡Un día a la vez, César Lozano! –me dije. Aprende la lección, disfruta intensamente cada día y atiende la adversidad conforme se presente y no por adelantado.

¿CUÁL ES EL PERFIL DE LA GENTE ANSIOSA?

1. **Son quienes todo lo ven como amenaza.** Si llegan a un nuevo trabajo y hay alguien que no los acepta o los critica ocasionalmente, sienten que ése será el detonante que les impida un buen desempeño laboral.

   Si hay 90 por ciento de posibilidades de que algo salga bien y sólo 10 por ciento de que salga mal, se enfocan en ese 10 por ciento. Recordé a una compañera de mi primer trabajo. Su frase favorita y más repetida era: "Piensa mal y acertarás." Siempre le buscaba el lado negativo a cualquier situación. Si algo iba muy bien, de inmediato decía: "No puede ser tanta felicidad… algo va a salir mal." Obviamente, ella era muy ansiosa y hasta la fecha lo sigue manifestando por la gran cantidad de problemas reales que ha magnificado y los adicionales que ha atraído a su vida, fruto de la ansiedad.

Si un granito le salía a su hijito, llegaba ansiosa a mi oficina a hablarme del grano y de todo lo que podría ser. Incluyendo la varicela, rubéola, picadura de un mosco con todo y dengue, picadura de una viuda negra que pudo haber venido de contrabando en algún avión procedente del Amazonas o a lo mejor –Dios no lo quiera– un grano canceroso y otras cositas más que encontró en Internet.

Después del llanto de rigor y de la cátedra de dermatología avanzada que me impartió, siendo ella contadora, le dije: "A lo mejor no es nada, llévalo con el médico y veamos qué es." Pero la ansiedad a la que se sometía todo el día era desgastante y enfermiza, situación que era transmitida a toda su familia.

"¿Por qué no piensas en que sólo fue la picadura de un zancudo?" Y su respuesta era: "César, nunca hay que bajar la guardia. Piensa mal y acertarás..."

Quienes todo lo ven como amenaza, son negativos por naturaleza. Ven *moros con tranchetes* en todas partes y creen que a pesar de la alegría y la prosperidad, lo malo siempre está por venir.

2. **Los perfeccionistas.** Desean tener el control absoluto de cualquier situación. Se esfuerzan en que todo salga perfectamente como se planeó y sufren por los errores naturales que la gente a su alrededor puede cometer. Son autocríticos y muy criticones de quien no piensa o hace las cosas como ellos dicen.

Vivir o trabajar con alguien así hace que la ansiedad sea contagiosa y promueva un ambiente hostil.

Claro que se aprende mucho y te lo digo por experiencia. Haber tenido un jefe con un grave cuadro de ansiedad fue para mí como si me hubiera graduado con honores en la *Universidad del estrés y el desafío.*

Una conversación típica con él era:

– *Tiene que estar listo para mañana.*

– *¿Mañana? Pero es domingo* –replicaba en mis adentros.

– *Mañana, para que el lunes temprano ya no tengamos ese pendiente* –me respondía como si me hubiera escuchado.

– *¿Para qué? Si la junta es en México y es ¡hasta el jueves!* –le respondía, mentalmente, claro.

– *Cuanto antes mejor* –concluía como si nuevamente me hubiera escuchado.

Y ni modo, a chambear el domingo hasta tarde.

Su vocabulario estaba lleno de frases y afirmaciones como:

* "Podría ser mejor."

* "No me gusta, como que algo le falta..."
* "No sé, tú puedes hacer que esto mejore."

En otras palabras, la perfección y la ansiedad eran parte de su personalidad. En cuatro años que trabajé con él nunca escuché una palabra de felicitación porque tenía el temor de que si lo hacía, yo disminuiría mi ritmo de trabajo y me *sentaría en mis laureles*, tengo que aclarar que no tengo laureles y no me imagino sentado en esas plantas, y la verdad no sé de dónde viene ese dicho...

3. **Los hipersensibles.** Es la personalidad *Mírame pero no me toques.* Se les hiere con una mirada, con un comentario o hasta con un pensamiento que supuestamente tenemos en contra de ellos, porque resulta que se creen psíquicos, y sienten en lo más profundo de su corazón que todo gira en torno suyo. No soportan ningún tipo de bromas sobre su persona. Les provoca mucha ansiedad no saber si son aceptados o queridos.

Por supuesto, la gente ansiosa no se enfoca en lo importante y, por lo tanto, además de los problemas de salud que acarrean con esa actitud, tienen problemas de concentración, de relaciones con los demás por su carácter irritable que los lleva a la ansiedad y, para colmo de males, tienen problemas en su desempeño sexual.

Por otra parte, afirmo sin lugar a dudas, es más, estoy plenamente convencido, de que no es tan complicado trabajar conmigo. Aunque me gustan las cosas bien hechas —sin caer en el perfeccionismo— sé y admito que en mi equipo de trabajo todos tenemos el derecho a equivocarnos y aprender de los errores.

Pero durante un año tuve en mi empresa a una colaboradora que pertenecía a este grupo de seres humanos ansiosos y sensibles. Nora —obvio, uso un nombre ficticio porque si no lloraría a mares al descubrir que la ventaneé en el libro— por todo lloraba, de todo hacía una tragedia y su actitud histriónica la había llevado a la categoría de ser considerada la reina del drama. Si tenías que tratar una situación con ella era "con pincitas" porque si no, Libertad Lamarque se revolcaría en su tumba de coraje, pues tenía alguien que opacaba su sombra de eterna mártir del cine nacional.

— *Nora, habrá que supervisar el consultorio de*
  la colonia Moderna.
— *¿O sea, no hago bien mi trabajo?* —refutó.
— *¡Claro que sí! Pero me dice el doctor que está allá que no le*
  alcanza para todo el mes el medicamento que enviamos.
— *Lo que pasa es que ese doctor la trae contra mí... Desde que*
  llegué me ve feo. Cada que voy a supervisar me recibe con
  un: "¡Por fin viene!" Como si no fuera o creyera que es el
  único consultorio médico que tengo que visitar.

Luego de la letanía, sobrevenía el llanto, le temblaba la voz al decir cada palabra.

— *Nora, no hagamos grande esta situación. No te enganches,*
  todo pasa.
— *¡Claro que pasa! Si usted cree conveniente, dejo el trabajo*
  para que entre otra persona que el doctor de la colonia Mo-
  derna acepte y sea de su agrado.

Tengo que agregar que no estoy exagerando y que este tipo de reacción fue sólo una de las múltiples que tuvo, con su respectivo ataque de ansiedad.

Ahora que pasó el tiempo, reflexiono, creo que a Nora le hubiera ayudado mucho hacer las paces con su pasado, sanar a la niña interior que, estoy seguro, sufrió y aún sufre por tratar de convencer a los demás de cuán valiosa es.

Tanto ella como otras personas que he tratado con la misma actitud, ansiedad por agradar a los demás o por la obsesión de hacer las cosas muy bien y sin ningún error, tuvieron una infancia que las marcó desfavorablemente y no han podido superarlo.

Todos podemos padecerlo, todos podemos ver moros con tranchetes y creer que las cosas están en nuestra contra o sujetas a empeorar, pero lo ideal es aceptar que la mente a veces no ayuda y nos hace ver o pensar lo que no hay.

No se vale amargarnos la existencia cuando podemos disfrutar más la vida. No se vale sufrir y hacer sufrir a quienes nos rodean con estas crisis que podrían aminorarse si hoy mismo lo decidimos.

Si la ansiedad es repetitiva, nada mejor que una buena terapia con quienes tienen la experiencia para controlar esta emoción. Así como aceptar el problema y empezar a ejercitar la mente para ver y entender que somos nosotros quienes agravamos la situación con pensamientos erróneos e infundados basados en el miedo.

Busca ayuda, analiza cuántas crisis en tu pasado no se desencadenaron como creíste. Mucha gente ansiosa sufre por no encontrar ese maravilloso tesoro llamado felicidad.

El psicólogo con el nombre y apellido más raro que jamás haya conocido, Mihaly Csikszentmihalyi, escribió en su célebre libro *Fluir:* "El error más grande que comete el ser humano es perseguir la felicidad por sí misma. En lugar de eso, deberíamos reconocer cuándo somos auténticamente felices, ¿qué estamos haciendo cuando nos sentimos poderosos y auténticos? Y hacer más a menudo ese tipo de cosas. Fluir con actividades que hacemos por puro disfrute o por satisfacción intelectual, más que por obtener alguna recompensa extrínseca. Se puede querer ganar una partida de ajedrez pero se juega porque implica la mente de una manera total."

Según el psicólogo Mihaly, pasamos un tercio de nuestra vigilia con *actividades de mantenimiento,* como vestirnos, desplazarnos de un lugar a otro o comer, actividades necesarias pero que solemos hacer sin poner atención en ellas. Otro tercio del tiempo que no pasamos durmiendo lo dedicamos a *actividades productivas* necesarias como trabajar o estudiar. El último tercio es para las actividades de ocio. El autor del libro *Fluir* recomienda que no llevemos por obligación todas estas actividades. "No sólo tienes que soportar lo que es necesario, sino hacer el esfuerzo por amar lo que haces." No comamos por comer, sino por el placer y la bendición que significa para el cuerpo. Hacer consciente lo que normalmente hacemos en forma inconsciente.

Recordé que durante un tiempo mi hijita aumentó su nivel de ansiedad por querer ganar las competencias de baile en las que participa y dar siempre el mayor rendimiento exigido en dicha actividad, hasta que entendió que la principal recompensa se halla en el aprendizaje, la disciplina y la excelente forma en la que se conserva quien realiza esta actividad con base en la constancia.

Vale la pena analizar lo anterior para evitar que la ansiedad siga apoderándose de tu vida y tomar las medidas necesarias para combatirla. El conocimiento da seguridad y sé que con la información anterior, puedes iniciar un control más certero de tus pensamientos y buscar ayuda terapéutica.

Enganchado a lo que crees imposible

¿Posible o imposible? Todo es relativo. Para una persona, alguna situación puede parecer imposible, pero para alguién más es posible y no sólo eso, se convierte en un reto.

Cuando alguien afirma, por ejemplo: "Imposible que fulano cambie." Otra persona puede contradecir tajantemente diciendo: "¿Y por qué no? ¡Yo he cambiado, y mucho! Y además, he cambiado en situaciones peores."

Cuando alguien padece una enfermedad etiquetada como incurable, existen los que cuestionan el origen de la palabra incurable e inician una cadena de acciones para demostrar que no siempre tiene que ser así. ¿Conoces a alguien que lo haya pasado?

Alguien a quien se le diagnosticó alguna enfermedad progresiva o incapacitante y demostró que tenía vida para rato.

Hace varios años un médico de gran prestigio me convenció, con pruebas en la mano, de que la enfermedad que consumía poco a poco a mi padre era un cáncer en páncreas y que le quedaban pocos meses de vida.

Su prestigio y gran preparación, aunado a mis conocimientos como médico, me hicieron creer que era prácticamente imposible la mejoría de mi padre y que era conveniente decirle a él y a su esposa, con quien había contraído matrimonio ese mismo año, la triste situación.

Era desgastante ver cómo mi padre se iba apagando poco a poco, cuando siempre había sido tan optimista, con un gran amor a la vida y durante la mayor parte de ésta había gozado de su gran pasión por el montañismo. ¿Decirle que le quedaban escasos meses de vida? No. Optamos, mis hermanas, hermanos y yo, por no decir nada que él no preguntara y en caso de que lo hiciera, le hablaríamos con la absoluta verdad, bueno, lo que creíamos que era la única verdad.

Yo siempre he creído que los pacientes con enfermedades graves saben en lo más profundo de su corazón lo complicado que enfrentan y por eso mismo creo que, durante ese tiempo, mi padre nunca preguntó su diagnóstico y afirmaba una y otra vez que él deseaba curarse; deseaba vivir.

Al hablar con su esposa sobre la gravedad de la situación, ella me escuchó con mucha atención; después de un largo silencio, viéndome fijamente y con lágrimas en los ojos me dijo: "César, entiendo lo que me dices, pero Jesucristo lo va a curar." Y fue todo. No preguntó más, simplemente se dispuso a atenderlo con los más amorosos cuidados, acatando al cien por ciento las recomendaciones de los médicos.

Anticipando que mi padre no llegaba a la Navidad, mi familia y yo adelantamos una *posada* los últimos días de noviembre, la cual obviamente no venía al caso, pero todo con el fin de disfrutar lo que representa la unión familiar en una época tan especial.

Mi papá, en contra de todos los pronósticos de los profesionales de la salud, libró la batalla contra la enfermedad. Siete años después de ese diagnóstico, durante los cuales ha viajado a varios países, sigue pintando, fotografiando y disfrutando todo lo que la vida le ofrece, mi padre es un hombre que crea y tiene proyectos; en el momento que escribo este libro, a sus 85 años, está planeando un viaje más y terminando un libro donde narra sus viajes más memorables.

¿Qué sucedió? Los médicos dicen que el tumor se encapsuló; otro médico, que no tuvo que ver en el caso, me dijo que fue un mal diagnóstico; un médico naturista, que simultáneamente lo estaba tratando, dice que fue efectivo el tratamiento aplicado, y su esposa dice que fue Jesucristo.

Yo me quedo con la palabra *milagro,* fomentado por la fe tenaz de que lo que es imposible para el hombre es posible para Dios; simplemente a mi padre le faltaba vivir otras cosas.

Por el contrario, conocí a un buen amigo que casi había hecho de su vida una eterna tragedia, donde él interpretaba el rol de víctima.

Se le diagnosticó diabetes, una enfermedad que afecta al 10 por ciento de la población, pero que con los cuidados precisos, se puede llevar una vida prácticamente normal. *¿Y qué sucedió?* El fatalismo de sus palabras me hizo acertar en el sombrío pronóstico que le esperaba.

Se quejaba todo el tiempo, lo cual considero que es una de las razones que atraen más motivos para que te sigas quejando; se lamentaba de tener que comer cosas que antes no consumía como frutas, verduras y disminuir los excesos, que le encantaban, con excepción del exceso de positivismo, el cual siempre brilló por su ausencia.

A los dos años tuvo complicaciones propias de la enfermedad mal cuidada y más tarde murió de un infarto. ¿Qué tanto influyó su actitud para las complicaciones y para que se produjera ese infarto? Cuando alguien cree que algo puede dañarlo y lo cree con fervor el daño se convierte en real.

> Esto me hace recordar un estudio realizado en Japón en 1962, publicado en *El placebo eres tú*, libro del doctor Joe Dispenza, con un grupo de niños alérgicos a la hiedra venenosa. Los investigadores les frotaron el antebrazo con una hoja de esta planta, pero antes les dijeron que la hoja era inofensiva; luego les frotaron el otro antebrazo con una hoja inofensiva, diciéndoles que era hiedra venenosa. A todos los niños les salió un sarpullido en el brazo donde les aplicaron la hoja que creían que era la hiedra venenosa, pero era inofensiva. A once de los trece niños no les salió ninguna erupción en el brazo donde les habían frotado la hiedra venenosa.

Esta investigación dejó atónitos a quienes la realizaron, incluso a mí, y estoy seguro de que también a ti. ¿Por qué una hoja inofensiva había causado alergia y la que de verdad era venenosa no? ¡Por el pensamiento! que anuló por completo sus creencias y recuerdos. Por el contrario, la hoja inofensiva se convirtió en dañina por creer que lo era.

Al narrar la historia de mi padre, la de mi amigo y la investigación descrita, aunadas a los recuerdos de todo lo que he podido vencer al enfrentarme a públicos heterogéneos de diferentes países; al recordar vuelos espantosos que le sacarían un susto al miedo, donde sinceramente creía que no llegaría a mi destino; al recorrer carreteras por motivos de trabajo rodeado de gente sin escrúpulos, escondida y acechando a seres humanos como tú y como yo, con el terrible temor de ser víctima de sus atrocidades; a tantos miedos que por naturaleza he tenido y estoy seguro de que tú también, cuando llegamos a creer que todo está perdido y sin embargo tú y yo seguimos aquí, me doy cuenta de que a pesar del miedo, el daño y las adversidades debemos seguir adelante. ¿Cuánto tiempo? Sólo Dios lo sabe.

Por supuesto hay cosas que no podremos cambiar en determinado momento, y las catalogaremos como imposibles, pero al paso del tiempo nos llevamos gratas sorpresas porque las circunstancias y la gente cambian constantemente. Además, la increíble capacidad de adaptación ante la adversidad que tenemos los seres humanos, me hace afirmar que la mayor cantidad de personas que han cambiado sus vidas drásticamente debido a una adversidad, consideran tarde o temprano que todo tiene un *para qué* y logran encontrar sentido a su nueva situación. Hay quienes no, y se sumergen en el pozo de la tristeza constante. Es cuestión de aceptación y decisión ante lo que no puedo cambiar.

Por supuesto hay situaciones que nos desesperan precisamente por la poca evolución que vemos, pero para quienes perseveramos, todo lo que creemos imposible se hace posible, y cuando no es así, la capacidad de aceptar es lo que representa un cambio.

Comparto la frase que más ha logrado milagros en mí:

> **No es lo que me pasa lo que me afecta,**
> **sino la forma en la que reacciono a lo que me pasa.**

Siempre recordaré con gusto mi experiencia de médico por la gran cantidad de anécdotas que marcaron mi vida favorablemente. Los aprendizajes que mis pacientes dejaron, me hicieron tomar la firme determinación de dedicarme a esta faceta de escritor y conferencista que tanto disfruto y que me permite compartir esas experiencias. Sin lugar a dudas, la historia que comparto a continuación la atesoraré por siempre por haber sucedido al inicio de mi carrera profesional, en mi consultorio particular:

– *Doctor César, nada me quita mis molestias. He ido con tres doctores que me han recetado muchas medicinas y no ceden.*

– *¿Qué medicinas toma?* –le pregunté.

– *Unas rojitas, unas azulitas y unas de color blanco. ¡Ah! Y otras de color amarillo...*

¡Imagínate! ¡Miles de medicamentos de esos colores!, pensé: "Como si con esa información supiera qué pastillas son."

– *A ver cuénteme, Rosita, ¿qué le duele?*

Después de un extenso suspiro, que sonó como si buscara exhalar el tiempo que consideraba perdido y la gran cantidad de pastillas que tomó sin ningún resultado, me compartió su repertorio de calamidades:

– *Verá usted* –me dijo–. *Empieza con un dolor en el cuello, es como "quemazón" que se me va por toda la espalda. Al llegar a la cadera se me pasa a la pierna derecha y se siente como si me pusieran hielo. Luego el dolor me llega a la planta del pie derecho y se pasa al pie izquierdo, pero ahí se siente como chile y luego caliente, caliente, como si me fuera a explotar el juanete de ese lado.*

Apenas iba a preguntar algo que me pudiera dar más pistas ante tal extraño cuadro clínico, cuando abruptamente me interrumpió:

– *¡Espéreme! No he terminado... el dolor se me sube por la otra pierna y se va poco a poco a la cintura hasta los riñones, donde se queda por un buen tiempo y luego se va despacito, despacito, hasta la cabeza y siento como si me fuera a explotar.*

Luego de un silencio que sería interpretado como un grito a mi ignorancia ante su cuadro clínico, me preguntó viéndome fijamente a los ojos:

–¿Qué será doctor?

Tenía ganas de decirle: "No sé, Rosita… ¡eso no venía en mis libros!" Sin embargo opté por indagar si existía algún factor de tipo emocional que estuviera causando tan raros síntomas y acerté de inmediato. El llanto de la señora se hizo presente al expresarme lo ingratos que habían sido sus hijos y lo desconsiderado que era su esposo. Las grandes mortificaciones que había tenido durante los últimos días y que, curiosamente, coincidían con el inicio de su rara *enfermedad*.

Después del desahogo y de unas breves recomendaciones donde la exhorté a no engancharse con ofensas inmerecidas, agregando una ferviente invitación a que viviera con alegría los días que le quedaran, le dije con mucho aplomo y seguridad:

– Rosita, va a dejar de tomar todas las medicinas que le dieron, las rojitas, las azulitas, las blancas y las amarillitas, y se va a tomar éstas que yo le obsequio. Son unas vitaminas ¡muy potentes! ¡No se imagina lo buenas que son! Se va a tomar una en la mañana y otra en la noche, y ¡santo remedio! Ya lo verá. Se va a sentir muy bien desde la primera toma. Pero es necesario que adicionalmente coma más frutas y verduras. Haga todo lo posible durante una semana para no hacer corajes y dejar que las cosas sin importancia y la gente sin quehacer fluyan. ¡Basta de aceptar más ofensas! Ya tuvo muchas en su vida, ¡no sea egoísta y deje que otras personas reciban las que usted no acepte! No se enganche, Rosita. La vida se le está yendo y usted sufriendo. ¿Lo considera justo?

Fueron veinte minutos de *plática constructiva* –bueno, así la catalogo yo– y al salir de la consulta le pedí que regresara en una semana para ver cómo seguía.

Obviamente *¡el milagro sucedió!* A la semana llegó con otro semblante, con una gran sonrisa expresando lo maravillosas

Enganchado a lo que crees imposible

que eran esas vitaminas, las cuales, por cierto, dijo que se las había recomendado a dos vecinas por otras dolencias que también tienen.

Hoy quiero confesarle a Rosita, si es que lee este libro, y a ti, que esas vitaminas milagrosas eran pastillas que nada tienen que ver con los signos y síntomas que ella tenía. Eran pastillas que no tienen sustancia activa, llamadas comúnmente placebos.

Déjame te cuento: Henry Beecher, cirujano egresado de la Universidad de Harvard, estaba de servicio en la Segunda Guerra Mundial. Operaba a cientos de soldados heridos buscando ante todo mejorar su estado crítico y disminuir el dolor. Los soldados sabían los milagrosos efectos de la morfina para mitigar el dolor. Al finalizar la guerra, los hospitales de campaña militares apenas disponían de morfina. En aquella época, Beecher estaba a punto de operar a un soldado herido de gravedad. Temía que al hacerlo sin un analgésico tan potente como la morfina, el soldado sufriera un colapso cardiovascular mortal, pero lo que sucedió lo dejó anonadado. Sin titubear, una de las enfermeras llenó la jeringa con una solución salina y se la inyectó al soldado diciéndole que era morfina y que con eso se le quitaría el dolor. El soldado se calmó al instante, reaccionado como si hubiera recibido el fármaco, aunque sólo le hubieran inyectado agua con sal. Beecher realizó la cirugía y suturó la herida, todo sin anestesia. ¿Cómo era posible? Siempre que se quedaban sin morfina volvían a la misma práctica. Después de la Segunda Guerra Mundial, en 1955, Beecher publicó un artículo sobre la importancia de los placebos en la revista *Journal of the American Association*.

Dos estudios recientes de la Universidad de Toledo, en Ohio, han sido los que más luz han arrojado sobre cómo la mente determina lo que percibimos y experimentamos. Para cada uno de los estudios, los investigadores dividieron a un grupo de voluntarios con buena salud en dos categorías: optimistas y pesimistas, según las respuestas que dieron a un cuestionario de diagnóstico. En el primer estudio les dieron placebo, pero les dijeron que era un fármaco que les haría sentirse mal. Los pesimistas tuvieron una reacción negativa más fuerte que los optimistas al ingerir la pastilla. En el segundo estudio, los investigadores también les dieron a los participantes un placebo diciéndoles esta vez que les ayudaría a dormir mejor. Los optimistas afirmaron haber dormido mucho mejor que los pesimistas.

Es como si los optimistas produjeran inconscientemente sustancias químicas específicas que les ayudasen a dormir mejor y los pesimistas crearan una farmacia de sustancias químicas que les hicieran sentirse mal.

En el artículo publicado por Beecher en 1955, afirmaba que el efecto placebo actúa en el 35 por ciento de la gente. Sin embargo, las investigaciones actuales dicen que fluctúa entre diez a cien por ciento.

¿Cuántas personas se curan de enfermedades consideradas *incurables* por la aceptación y la convicción plena de que se mejorarán con determinado medicamento o por la fe y la oración?

No dudo en el poder de la mente, como tampoco dudo en el poder divino. De forma paradójica, ¿cuántos más se enferman por la convicción de que determinada sustancia o exposición al frío o a otros agentes les hará daño?

"¡Si no te pones los zapatos, te vas a enfermar!" ¿Y qué sucede? Se enferma. A esto se llama efecto *nocebo.* Infinidad de testimonios avalan la teoría de que la mente puede creer firmemente en la sanación o el daño, dependiendo de la creencia y de la influencia de quien los expresa.

Asimismo, hay situaciones que por naturaleza no podemos modificar y no son precisamente relacionadas con la salud, tienen que ver con un pasado, con la gente que deseamos que sea perfecta y nunca lo será, con quienes deseamos que cambien por su bien y no lo desean, y con la dependencia que muchas veces tenemos con quien no debemos y que, de antemano, sabemos que nos puede fallar.

> **Hace tiempo leí algo que titularon** *"Los cuatro grandes principios para vivir mejor y sin apegos":*
>
> 1. No te preocupes por las personas de tu pasado. Hay una razón por la que no están en tu presente y por la que no llegaron a tu futuro.
> 2. Una persona real no es perfecta, una persona perfecta no es real.
> 3. Una persona cambia por dos razones: aprendió demasiado o sufrió suficiente.
> 4. No dependas de nadie en este mundo, hasta tu sombra te abandona cuando estás en la oscuridad.

Desconozco el autor o los autores de tan grandes afirmaciones, pero al analizar cada una de ellas concluyo lo siguiente: es cierto, la gente que ya no comparte nuestro presente o nuestro futuro se fue por alguna razón y muchas veces son razones que nunca comprenderemos. Sin embargo, ya no está y tenemos dos caminos: regodearnos en el dolor y la nostalgia, o aceptar lo sucedido, aprender la lección y seguir el camino. Terrible pérdida de tiempo seguir preguntándonos lo que no tiene respuesta o estar enganchados al *hubiera hecho esto, no debí hacer esto o aquello.* La situación es clara: esa persona ya no está en nuestro presente ni en nuestro futuro y no vale la pena malgastar más energía en obtener respuestas donde no las hay. Bendecir el tiempo compartido y desear lo mejor donde quiera que esté siempre será una excelente estrategia.

Por supuesto, una persona real no es perfecta y una persona perfecta no es real. La perfección sólo es Dios y aferrarnos a que la gente que amamos sea perfecta es causa de sufrimiento, tanto para nosotros como para quien deseamos que cambie o que jamás se equivoque. Triste situación viven millones de niños cuyos padres neuróticos se creen perfectos y desean que sus hijos reaccionen como adultos chiquitos. Tremenda carga emocional de tantos adolescentes y jóvenes que buscan a toda costa agradar a sus padres con acciones para las cuales simple y sencillamente no tienen aptitudes ni habilidades, pero cuyos padres desean que las realicen con cero errores. Fuerte desilusión de mujeres y hombres que buscan con desesperación agradar a sus parejas con el fin de ganar migajas de amor.

Que *nos caiga el veinte* de una vez por todas, la gente es como es y punto; evitemos la decepción fruto de idealizar. Cuando idealizamos a alguien como persona libre de errores, caemos en una de las causas que más sufrimiento ocasiona en las relaciones humanas.

Sin duda cambiamos por esas dos grandes razones: aprendimos la lección o caímos en el pozo más profundo del dolor o el sufrimiento. ¿Qué necesidad de que ocurra lo segundo? ¡Qué afán de caer en la rutina y no detectar que si la vida nos está dando una y otra vez la misma lección dolorosa, nos aferremos a repetir el patrón de conducta!

Buscar siempre culpables de nuestras desdichas puede ser una opción momentánea que por lo general nos llena de resentimiento y nunca nos motiva a la acción. El cielo es de los arrepentidos, y vale la pena enmendar el camino torcido. Me dolió, me lamenté, evalué, aprendí, continué. Cinco pasos que nos llevan del golpe a la acción y a la aceptación.

El cuarto principio puede causar mucho ruido para quienes tenemos grandes esperanzas en la bondad y la buena voluntad de la gente con la que tratamos. ¿Cuántas historias conocemos de personas que se han hecho dependientes del amor de alguien y fincan su felicidad en una sola persona? Y cuando aquel ser se va, ¿qué sucede? Su mundo se desmorona y pierden por completo la ilusión de seguir viviendo. Olvidan que no es sólo una la motivación que deberíamos de tener los seres pensantes. Son tres grandes motivos, los que nos hacen levantarnos con esperanza cada día:

1. **¿Qué me motiva?** (Es lo material: estudio, trabajo, *hobbies*, dinero y todo lo que conlleva.)

2. **¿Quién me motiva?** (Familia, amigos, compañeros de trabajo o empleados.)

3. **¿Para qué me motivo?** (¿Qué es lo trascendente de mis actos?) ¿Cuántas vidas puedo tocar favorablemente en mi paso por esta vida? El *para qué* es lo que al final de los días tendrá más significado y en general no es un individuo, sino el grupo de personas que se han beneficiado directa o indirectamente con mi ser y mi saber.

Es cierto que hay momentos en la vida en que tenemos que depender de alguien, y es precisamente en esos instantes cuando valoramos nuestra independencia. La dependencia física por enfermedad que sufre algún miembro de la familia causa conflictos entre quienes la integran por la poca responsabilidad que adquieren algunos y la sobrecarga de otros.

Grandes verdades que, sin lugar a dudas, es muy saludable aceptar.

¿Posible o imposible? Depende de tus creencias, de tu capacidad de adaptación y de tu fortaleza ante la adversidad.

> **"¡No digas no puedo!", me gritó un día muy enojada mi madre. "Mejor di, ¿me ayudas?"**

Cuánta gente ha echado por la borda sus planes o sus ilusiones porque un día escuchó a alguien decirle que ese sueño o proyecto era algo imposible, fuera de la realidad y de sus posibilidades, y lo creyó o lo aceptó. Lo bueno cuesta, y cuesta mucho. Las palabras, los decretos y los pensamientos tienen gran influencia y poder sobre todos nosotros. Entre más repitas *no puedo*, más se fortalecen los obstáculos que te impiden lograr lo que te propongas.

Hurgando en el barril de mis recuerdos llegó a mi mente una maestra de mi primaria llamada Martha. Al finalizar un discurso de oratoria, que nos solicitó con tres días de anticipación (y que, por cierto, se me hicieron eternos, ya que había estudiado horas y horas) que dije en forma espantosa o mejor dicho, ni lo dije por una parálisis (¿o *lapsus brutus*?), se me acercó y me dijo al oído: "Cesarito, cuando crezcas, dedícate a lo que quieras, menos a hablar en público." Por muchos años, pasar al frente de un grupo se convirtió en un verdadero martirio. En toda la secundaria, la preparatoria y parte de la carrera las palabras de la maestra se hicieron presentes en cada momento en el que tenía que expresar una opinión. A manera de decreto o mandato creí fielmente en que hablar en público no era para mí.

Rezaba para que nunca me preguntaran en clase y pedía a Dios que jamás tuviera que pasar el trago amargo de hablar en público. Difícil de creer que ése es mi modo de vida y que lo disfruto muchísimo.

Ahora que pasan los años no cruza por mi mente recriminar o maldecir su recuerdo. *¡Todo lo contrario!* Estoy convencido de que todos somos consecuencia de lo bueno y lo malo que hemos vivido. Somos resultado de las palabras de apoyo y de las palabras hirientes que vamos recogiendo y aceptando. Estoy seguro de que si no hubiera pasado esa experiencia, mi vida no hubiera tomado el rumbo que ahora lleva.

Se convirtió en un verdadero reto quitar ese *maleficio* otorgado, estoy plenamente convencido de que Martha tuvo mucho que ver en mi faceta de conferencista.

Hoy puedo decir: "¡Gracias, Martha! Por poner a prueba mis límites y ayudame a vencer mis miedos."

Permíteme platicarte lo que ocurrió en el año de 1976, durante una entrevista realizada por el motivador y reportero de deportes, Steve Chandler a un fisicoculturista y aspirante a actor llamado Arnold Schwarzenegger. Chandler recuerda que le preguntó: "¿Hacia dónde te diriges y cuál es tu meta?" Con una voz calmada Schwarzenegger respondió: "Camino hacia la meta de ser el actor número uno de Hollywood."

Para ese entonces su imagen no prometía mucho. Su acento australiano y su figura monstruosa no pronosticaban mucha aceptación de las audiencias futuras. Steve se lo trató de decir y Arnold le respondió: "Para llegar a esa meta estoy usando el mismo método que usé en el fisicoculturismo y este método consiste en crear una visión de uno mismo y de lo que quieres ser y entonces comenzar a vivir dentro de esa pintura mental como si eso fuera verdad." Esto suena ridículamente simple, pero dentro de esa simpleza, Schwarzenegger caminó y llegó a ser no sólo un actor reconocido en todo el mundo, sino también gobernador de California, y claro, con algunas de las consecuencias que trae la fama, como los escándalos en los que se vio envuelto.

Posteriormente, en una conferencia dictada en una universidad, este mismo personaje exhortó a los estudiantes a luchar por sus sueños y no dejar que las adversidades trunquen esa pintura mental que han diseñado de su persona.

Otra historia similar es la de un joven de dieciséis años que encontró una nota de su maestro de oratoria en Harrow, Inglaterra, junto a su boleta de calificaciones en 1894: "Eres pésimo en oratoria." El joven continuó tratando de expresar siempre sus ideas y llegó a convertirse en uno de los oradores más famosos del siglo XX. Su nombre era Winston Churchill.

En 1902, un aspirante a escritor de 28 años de edad recibió una carta de rechazo del editor de una revista de poesía en los Estados Unidos. De regreso con un grupo de poemas que él había enviado, estaba una nota que decía: "Nuestra revista no tiene espacio para sus extraños versos." Él continuó tratando y llegó a ver su obra publicada. El nombre del poeta era Robert Frost, quien llegó a ser muy famoso y fue considerado uno de los precursores de la poesía moderna en Estados Unidos.

En 1905, la Universidad de Bern declinó una disertación de doctorado como *muy elaborada e irrelevante*. El joven estudiante de física que escribió la disertación siguió esforzándose y llegó a desarrollar algunas de sus ideas como teorías generalmente aceptadas. Su nombre era Albert Einstein.

Hay una frase muy conocida que dice "Soñar no cuesta nada", pero la verdad es que después del sueño o el anhelo debe llegar la acción que generalmente sí cuesta.

> **Los sueños pueden cambiar el destino de una persona; desear con fervor algo puede ser el inicio de ese cambio tan grande.**

Tener el sueño de ser una persona más saludable, con más éxito profesional o con mejores relaciones es una manera de expandirnos, es una oportunidad de descubrir no sólo quiénes somos, sino lo que somos capaces de lograr. Dicen que los sueños llegan a nosotros en un tamaño a veces demasiado grande, para que podamos crecer dentro de ellos, y eso es lo que puedes iniciar hoy mismo.

Walt Disney, que en varias ocasiones quebró en los negocios antes de triunfar, fue uno de los grandes soñadores de todos los tiempos. Él dijo: "Si puedes soñarlo, puedes lograrlo." Él decía que todo lo que necesitas para logar lo que te propones se encuentra en tres salas:

* La sala para soñar.
* La sala para actuar.
* La sala para evaluar.

La sala para soñar era el lugar donde él trabajaba con sus pensamientos, emociones, y desde su mente y corazón, allí empezaba a brotar la fuerza para llevar adelante su sueño. Para lograrlo ponía imágenes de sus futuros proyectos en las paredes, hacía maquetas y llenaba la sala de objetos que le hicieran sentir emociones positivas. En la primera sala, decía Walt Disney, hay que soñar a lo grande. Pero agregaba algo esencial: la sala para soñar tiene una regla, la más importante de todas: nunca critiques tu sueño. Ahora yo te pregunto: "¿Qué soñarías hoy si supieras que no vas a fracasar?"

La segunda sala es para la acción. Cuáles son los pasos necesarios para que el sueño se haga realidad. Por supuesto que puede llegar a asustarnos cada paso que tenemos que dar para logar lo que queremos, pero la estrategia recomendada es nunca quitar de tu mente la meta que deseas. Imaginarte más paciente, más prudente, con un cuerpo más sano y saludable, menos desorganizado, más exitoso. Tener siempre en mente la meta te hace fuerte.

Y la tercera sala es la evaluación. Analizamos el camino recorrido y hacemos los cambios necesarios. Obvio, buscar la perfección causa ansiedad y sufrimiento; analiza tus posibilidades y nunca pierdas la esperanza de que todo cambio que te propongas puede ser posible siempre y cuando creas y perseveres.

Si investigas la historia de quienes lograron trascender te darás cuenta de que en su pasado existieron múltiples obstáculos que vencieron, y aun así no perdieron la esperanza. Cuatro ingredientes son clave para el logro de los objetivos: *conocimiento, pasión, disciplina y fe.*

El *conocimiento* da seguridad y además nos ayuda a saber formas diversas para llegar a lo que deseamos. Si no conoces del tema, investiga, pregunta, analiza y agrega tu estilo, que siempre será el toque maestro que haga la diferencia.

Pasión es más que el esfuerzo y la intención. Es poner el alma en lo que se hace. Nunca olvidaré la recomendación que hace años me hicieron para elegir de manera más certera a qué dedicarme. "Trabaja en aquello que disfrutes tanto, que estarías dispuesto a hacerlo sin pago alguno." ¡Bendito consejo!

Disciplina es dedicar el tiempo necesario a fortalecer los hábitos que nos ayuden a lograr lo que deseamos. Malcolm Gladwell en su libro *Fuera de Serie*, argumenta que el factor común de los grandes casos de éxito no tiene que ver tanto con la inteligencia o el talento natural, sino con la práctica. Que para alcanzar la excelencia en cualquier actividad, se debe tener una acumulación de diez mil horas de práctica.

Respecto a este mismo tema, el neurólogo Daniel Levitin en su libro *El cerebro y la música,* expresa lo siguiente:

> Se requieren *diez mil* horas de práctica para alcanzar el nivel de dominio propio de un experto de categoría mundial en el campo que fuere. Estudio tras estudio, trátese de compositores, jugadores de baloncesto, escritores de ficción, patinadores sobre hielo, concertistas de piano, jugadores de ajedrez, delincuentes de altos vuelos o de lo que sea, este número se repite una y otra vez. Desde luego, esto no explica por qué algunas personas aprovechan mejor sus sesiones prácticas que otras. Pero nadie ha encontrado aún un caso en el que se lograra verdadera maestría de categoría mundial en menos tiempo. Parece que el cerebro requiere todo ese tiempo para asimilar cuanto necesita conocer para alcanzar un dominio verdadero. ¿A cuánto equivalen esas diez mil horas? ¡Unos diez años!

Fe. En ti, en Dios, pero una fe inquebrantable que mantenga firme el rumbo de nuestra vida. Es precisamente esa fe la que cura a millones de enfermos, la misma fe que se manifiesta en que lo bueno y lo mejor siempre está destinado para quienes creen que lo merecen.

Desafortunadamente, esa misma carencia de fe es la que hace que muchas personas dejen de luchar por sus sueños. Lo bueno cuesta y mucho, y la suerte que tanto buscan algunas personas no es más que prepararnos a conciencia, agregar una dosis de fe y aprovechar las oportunidades que todos tenemos, pero que no todos aprovechamos.

Es fundamental hacer un inventario de lo que se cuenta. Ser muy analíticos y críticos para identificar nuestras fortalezas y aceptar las limitaciones que son imposibles de modificar. Por más que quiera una mujer de 1.50 metros de estatura y poco agraciada físicamente, cumplir su sueño de ser Miss Universo, aunque aplique el conocimiento, la pasión, la disciplina y tenga mucha fe, pues ¿cómo te digo? Se me hace que sería un verdadero milagro si lo logra.

El reto es decir:

> **Reconozco mis habilidades, modifico las debilidades que pueda y soy analítico con lo que cuento para logar lo que me propongo.**

Sin embargo, la historia está llena de personas que aun con las arcas vacías y los talentos totalmente en cero, lograron un sueño que puede considerarse inalcanzable.

Recordé una frase que queda perfectamente con quienes logran vencer la adversidad a pesar de un sinfín de debilidades.

A San Francisco de Asís se le atribuye esta frase que, considero, está repleta de sabiduría:

> *Empieza por hacer lo necesario,*
> *luego haz lo posible y de repente*
> *te encontrarás haciendo*
> *lo imposible.*

Enganchado a la complejidad

Hace unos días me di cuenta de que había olvidado la fecha en la que se presentaba mi hijita en un concurso de baile, en Monterrey, y puse en mi agenda una conferencia en otra ciudad. Cuando me percaté del error, de inmediato pasaron por mi mente escenas de lo que ocurriría cuando le dijera que no iba a estar en la ciudad.

Visualizaba su tristeza y el drama: "Papi, ¡no puede ser! ¡Te lo dije hace más de dos meses!" Claro que imaginaba su carita triste con cierto toque de histrionismo (por no decir chantaje a mis emociones), lo cual me iba a entristecer más a mí. Digamos que es lo que usualmente sucede cuando no cumplo con lo pactado con mi adorada hija.

Busqué soluciones complejas, como verificar horario de vuelos para llegar a tiempo o cambiar la fecha de la conferencia; hablé con el director de Recursos Humanos de la empresa que me contrató, luego con el Director General y no fue posible un cambio. Ya tenían contratado el salón para el evento y lo habían anunciado a todo el personal.

Lo que no hice en primera instancia lo realicé al final: hablar con mi hija. Mi sorpresa fue enorme cuando, con mucha tranquilidad, me dijo: "Qué bueno que no vas a esa competencia papi, porque voy a bailar sólo una canción que no me gusta. Además a la que sí me importa que vayas es a la de diciembre que ya está separada en tu agenda."

¡Y yo buscando soluciones alternas antes de hablar! Cuando le dije a mi esposa lo sucedido, ella con más tranquilidad me dijo:

– *¿Bueno, y por qué no se lo comentaste antes?*

– *¡Pues porque pensé que iba a hacer un drama!* –contesté.

– *No. Ella me dijo desde hace tiempo que no le importaba mucho esa competencia.*

¿Cuántas veces hacemos un drama al querer solucionar lo simple y lo convertimos en un problema complejo? Esto se supone que ya lo había aprendido, pero por lo visto lo sigo olvidando. Sigo imaginando y pensando los peores escenarios habidos y por haber y las peores reacciones de quienes no le toman la importancia que yo mismo engrandecí.

Lo mismo me ocurrió cuando empezaba mi carrera de conferencista y tenía la urgente necesidad de vencer mi temor a hablar en público. "Conforme más te enfrentes a todo tipo de público, tendrás más seguridad al hacerlo." Me dijo un maestro con años de experiencia.

Se aplica perfectamente la frase de "actúa como si..." Actúa como si el problema al que te enfrentas tuviera remedio y fuera técnicamente fácil de solucionar. Ese mensaje llega al subconsciente y ayuda a encontrar soluciones prácticas.

Giorgio Nardone, uno de los psicólogos más importantes del momento en terapia breve estratégica, emplea la lógica no ordinaria para resolver todo tipo de problemas psicológicos, actualmente es una de las técnicas más reconocidas. Y comparte esta historia:

En la antigua ciudad de Mileto durante el año 550 a. C. tuvo lugar un fenómeno extraño. Un problema de salud pública sin precedentes. Las mujeres jóvenes de la ciudad se estaban suicidando en cadena como poseídas por una fuerza oscura. Cada semana, una nueva doncella se arrojaba a las aguas bravas del cercano río Meandro o se dejaba caer a media noche desde la azotea del gran templo de Apolo.

Después de cada sepelio, los ciudadanos se reunían en el ágora principal para hablar del asunto.

Uno de ellos, consternado, recordó que tenía a sus hijas permanentemente vigiladas por dos esclavos pero no sirvió de nada. La pequeña Helena se cortó las venas con el vestuario de los baños.

—*No podemos controlarlas. Siempre encuentran la forma de hacerlo y los médicos no encuentran la solución al grave problema.*

Un grupo de madres atribuía el origen de la epidemia de suicidios a los versos románticos del poeta Codro. Sus historias habían causado furor entre niñas y jóvenes de Mileto y en algunas de sus historias sus hermosas protagonistas se quitaban la vida por asuntos del corazón.

—*¡La culpa la tienen los estúpidos relatos de Codro!* —gritó una anciana—. *Especialmente la historia de las Ariadnas. ¡Todas quieren emular a Casandra y a Penélope,* *quienes al no encontrar el amor se tiraron al pozo de su villa de las afueras de Atenas!*

¿Cuál fue la solución compleja que tomaron? Las autoridades de Mileto prohibieron todos los libros románticos, en especial los de Codro.

¿Qué sucedió? Empezaron a circular copias de contrabando y las niñas se transmitían ahora versos de memoria. El problema se incrementó y el número de mujeres descendió 60 por ciento.

En ese momento de desesperación llegó a la ciudad un sabio famoso en toda Asia por sus poderes de sanar los problemas del espíritu.

Después de compartirle el grave problema, el sabio dijo:

– *Debéis hacer dos cosas: primero, emitid un edicto en el que se diga que de aquí en adelante, el cuerpo de las suicidas será expuesto en la plaza del mercado hasta su putrefacción. Y segundo: que queda revocada la prohibición de los libros de Codro. Volved a permitir su lectura en todas las casas de la ciudad.*

Obviamente, hubo mucho recelo en aceptar la original propuesta pero, al fin de cuentas, se realizó.

Los suicidios cesaron para siempre.

¿Qué efecto mágico tuvo la estrategia del sabio?

¡La vanidad ante todo! Ninguna mujer deseaba visualizar su cuerpo desnudo y putrefacto en la plaza principal.

Y segundo, lo prohibido llama más la atención y el día que se quita la prohibición, deja de tener su encanto.

El psicólogo Girogo Nardone llega a la conclusión de que este mismo efecto se aplica con los problemas psicológicos complejos. Buscar alternativas simples para corregir las fobias, miedos u obsesiones.

Imaginar el peor escenario aunque se llore, se sufra un momento, hace que pierda poder. Si tienes la obsesión de lavarte las manos o checar las cosas varias veces antes de dormir, y lo haces una o dos veces, hazlo cinco veces. Hasta que le quites poder. Su técnica se llama:

Si lo haces una, lo haces cinco.

Espero que en lo complejo de los problemas de la vida, encuentres soluciones simples.

Enganchado al pasado

"El pasado es un maravilloso lugar para visitar, pero no para permanecer ahí." Son palabras que me expresó en alguna ocasión mi amiga y terapeuta Gaby Pérez, especialista en tanatología. Ella dice constantemente esa frase a quienes no pueden sobrellevar el duelo y se quedan estancados en la negación de lo sucedido y les es imposible superar su dolor o su pena.

* "Pude hacer más…"
* "Puede evitarlo…"
* "Debí estar más tiempo…"
* "No debí hacer o decir eso…"

Sin embargo no hice más, ni lo evite, ni le di más tiempo y dije o hice eso. Por más que me cuestione lo hecho, hecho está y fue lo que en ese momento creí que era conveniente; fue la decisión que tomé en ese instante y por más que regrese al pasado no lo voy a cambiar.

Contrario al dolor que representa para muchos recordar el pasado, también está el otro lado de la moneda: quienes disfrutamos recordar el pasado por los gratos momentos compartidos.

Tengo el gusto de frecuentar, aunque esporádicamente, a mis mejores amigos de la infancia. Cinco compañeros de primaria y secundaria que compartimos esa etapa de formación; en realidad ninguno éramos considerados entre el selecto grupo de alumnos *populares* del colegio por poseer cierto carisma o destacar en algún deporte.

Sin embargo, las anécdotas están ahí. Las historias de vida que nos marcaron en esa época salen a relucir una y otra vez cada que nos reunimos. Las mismas historias que nos hacen reír a carcajadas como si las volviéramos a experimentar. En verdad lo disfrutamos y más risa nos da cuando les digo que cada que nos vemos platicamos lo mismo. *¡No puede ser! ¡Nos reímos como si fuera la primera vez que lo platicamos!*

Ese pasado es digno de visitarse, porque nos alegra, no duele y nos da sentido de pertenencia. Un pasado lleno de anécdotas que forjaron nuestro presente y que por recordarlo no causa malestar, sino todo lo contario. Tengo que agregar que al finalizar las mismas anécdotas, no falta quien de nosotros termine con el clásico comentario: "¡Cómo pasa el tiempo! ¡No puede ser que hayan pasado tantos años!" Y es en esos precisos instantes cuando se rompe el encanto y entonces el pasado puede llegar a calar a más de uno.

Tengo que expresarte que jamás me he sentido así cuando recuerdo lo rápido que pasa el tiempo, ya que la vida es maravillosa así como está diseñada y cada que escucho o digo tan certera frase, me comprometo a disfrutar más todos esos instantes que forman mi presente.

Por eso desde que escuché también la frase: "El pasado es un maravilloso lugar para visitar pero no para permanecer ahí", hice un pacto conmigo para visitarlo sólo con el fin recordar momentos felices, aprender lecciones que me sirvan en mi presente y no para lamentarme o sufrir. Que ese pasado me sirva de experiencia para no cometer los mismos errores y aplicar los conocimientos adquiridos en mi presente o en mi futuro.

Sin embargo, con frecuencia caemos en la tentación de creer que tiempos pasados siempre serán tiempos mejores, tal vez por el gran tesoro de la juventud, por los logros económicos que tuvimos o por la calidad de relaciones que disfrutamos y nos lamentamos. Momento exacto para agregar al recuerdo la afirmación de que ya pasaron esos tiempos y no puedo hacer nada para regresarlos.

Vivir en el pasado es un lamentable error que se cobra con intereses, ya que el tiempo no perdona y cada día que transcurre puede ser un día desperdiciado por estancarnos en los recuerdos que nos privan de lo que en verdad sí está, que es nuestro presente.

* ¿Cuánto tiempo perdemos al permitir que la mente visite constantemente el pasado?
* ¿Cuántos momentos dejamos ir por la añoranza?
* ¿Cuántos momentos dignos de olvidarse revivimos mentalmente varias veces con el pensamiento?

Momentos dolorosos que desearíamos no haber padecido, sin embargo, sucedieron y no por pensarlos todo el tiempo los cambiaremos.

Hoy quiero compartir contigo algunas recomendaciones y te pido que las repitas en voz alta, son fuertes afirmaciones o decretos para ver al pasado sin necesidad de engancharte sin sufrir por tus penas ni por tus éxitos lejanos:

1. Decido mirar con bondad lo vivido, y si siento que no es posible, terminaré por repetírmelo una y otra vez hasta que lo crea y lo acepte como posible. Aplico la frase: "Empiezo actuando y terminaré creyendo."

2. Podré minimizar las consecuencias de las malas experiencias vividas si cambio las preguntas: "¿Por qué yo?" o "¿Por qué a mí?", por "¿Para qué?", y eso depende sólo de mí. Acepto que la gente es más sabia por lo vivido que por lo leído y acepto no ser una víctima más de las circunstancias.

3. Si recordar el pasado lleva consigo un gran conflicto, me diré cuantas veces sea necesario que por pensarlo una y otra vez no lo cambiaré, ya que lo hecho, hecho está. Cuando me aferro a vivir de los recuerdos, de los éxitos pasados, de los amores vividos y perdidos y de lo que pude hacer y no hice, me uno a las millones de personas que viven con el *victimismo* y aceptan el sufrimiento como estilo de vida. Rechazo ser víctima eterna de las circunstancias y de mis decisiones erróneas. Recordar el pasado también conlleva la gran oportunidad de aprender y desaprender de lo vivido. Aprender lo que sí vale la pena y desaprender los pésimos hábitos y costumbres que tanto dañaron mi autoestima y mis relaciones con los demás.

4. Extrañar es un proceso natural, pero no permanente. Puedo extrañar, mas no permitiré hundirme en el pozo de la tristeza y la desolación. Recuerdo y extraño, pero decido que en los momentos en que perdure esta sensación, me diré cuán maravilloso fue todo y bendeciré cada minuto de alegría vivido, agradeceré cada momento de gloria con la firme determinación de aprender y recordar una vez más que todo tiene sentido.

César Lozano

5. Acepto que no todo lo vivido ha sido bueno. Acepto el dolor y la tristeza que causaron las decisiones erróneas que tomé, pero no porque el pasado haya sido como fue significa que así seguiré. Hoy decido evitar y alejar pensamientos y palabras pesimistas y derrotistas. Sé que la mente tiende a los absolutos al querer convencerme de que las cosas seguirán igual o peor, porque sé que mi actitud positiva fomenta los milagros. Recordaré y afirmaré una y otra vez: "Dios conmigo, ¿quién contra mí?"

6. Hoy es muy buen día para hacer un recuento de bendiciones. Digo *gracias* por todo lo que he logrado y bendigo mental o verbalmente a quienes fueron claves en cada éxito. Acepto que cada coincidencia o *diosidencia* fue para un fin específico. Me seguiré asombrando de cada logro y decido no engancharme en las situaciones que recuerde con nostalgia y tristeza. Cada una de ellas también tiene y tendrá su significado porque para quienes no perdemos la esperanza, todo será para bien.

7. Hoy daré significado a todo lo vivido incluyendo a quienes se han ensañado en contra de mi estabilidad, de mis sueños y objetivos. No puedo ni debo ser parte de un eslabón de la cadena del resentimiento, coraje o la envidia. Hoy acepto que la gente que llega a mi vida no siempre es como deseo y la que deseo, y me resistiré a desear el mal a quien dañó mi estabilidad de manera consciente o inconsciente, porque recordaré que la vida dará a cada quien lo que merece.

8. Mirar con desprecio el pasado es despreciar mi historia. Hoy desisto a castigar con pensamientos basados en el rencor algunas de las páginas del libro de mi vida. Simplemente fueron parte de mi diario vivir y dejo pasar lo que

me haga sentir mal, para darle bienvenida a los buenos y memorables recuerdos. Bendigo una vez más mi vida con todo y mi historia porque al paso del tiempo comprenderé lo que tal vez hoy no entiendo y sabré que todo fue para mi crecimiento personal y espiritual.

9. La eterna lamentación y la culpabilidad por lo vivido nunca será un remedio para aliviar mi alma. Pediré perdón en caso de haber ofendido, perdono a quien deliberadamente me ofendió o a quien por exceso de inocencia me dañó. Procuraré encontrar una intención positiva en los actos pasados y seguiré con mi camino con la firme determinación de aprender de lo vivido. La vida sigue y no puedo ni debo quedarme estancado en el dolor y el resentimiento.

10. ¿Quedarme paralizado por el pasado? ¿Dejar que el día transcurra con mi mente estancada en los recuerdos? Hoy decido dedicar un tiempo determinado a analizar lo vivido y padecido, pero no permitiré que me gobiernen la tristeza y la desolación. No dedicaré más tiempo a pensar en lo irremediable. Aprendí, hoy cambiaré lo que sea necesario para reencontrar mi estabilidad emocional. No quiero vivir de recuerdos lastimeros que en nada alimentan mi amor propio. Lo hecho, hecho está y ahora... ¡lo que sigue!

11. Hoy me sacudo el polvo del resentimiento por las malas decisiones propias o de quienes me rodean. Imposible que salga todo como lo planeo y no puedo quedarme como un triste espectador eternamente. Aprendí y es lo importante. Hoy decido decir sí a la esperanza de que las cosas cambiarán a mi favor. Acepto que de algo sirvieron las malas experiencias porque nadie está exen-

to a vivirlas o padecerlas. La vida sigue y visualizo con gusto y fe los retos que vengan porque sé que siempre existe la posibilidad de que el viento vaya a mi favor.

12. Hoy hago un pacto conmigo para controlar mi añoranza por quien no está en mi vida. Entiendo que la mente tiende a enaltecer cualidades y a minimizar defectos cuando la ausencia cala. Si alguien de mi pasado ya no está, por alguna razón no debe estar en mi futuro. Difícil comprenderlo, pero necesario aceptarlo. Acepto lo inevitable y continúo con mi vida con la firme convicción de que todo tomará su cauce y tendré la fuerza para dar lo mejor de mí a quien sí está.

13. Qué maravilla dar vuelta a la hoja del libro de mi vida y avanzar sin mirar una y otra vez al ayer. Hoy decido que la vida siga aun con las cosas que ocurrieron y yo no quería. Deseo que mi pasado –sea cual sea– me impulse para ver siempre adelante, con más fuerza y determinación, que es lo que realmente puedo rescatar de lo vivido. De mí depende que todo sea para mi bien o para mi desgracia; decido decir adiós a los recuerdos que me lastiman y abrir mi mente a todo pensamiento que me haga sentir bien.

14. Para concluir, hoy me resisto a convertir mi vida en un documento histórico en el que me aferre y crea que el ayer es y será mejor que mi ahora y mi mañana. Disfruté lo que tenía que gozar. Confío que Dios, mi actitud, el tiempo y el afecto de quienes me rodean serán mis grandes aliados para encontrar siempre la paz y la estabilidad. Hoy me digo: "¡Ánimo! Porque para quienes no perdemos la fe, lo bueno siempre está por venir."

Enganchado a la rapidez que lleva todo el mundo

* "¡Me urge para ayer!"
* "¡Quiero que esté listo cuanto antes!"
* "¡No tengo tiempo!"
* "¡Quisiera que el día tuviera 26 horas!"

El tiempo no perdona, su paso constante y sin retorno nos hace entrar en la vorágine de querer todo al menor tiempo posible. Recordé a un profesor de la facultad de medicina donde estudié. Pediatra reconocido, con una capacidad tremenda para diagnosticar asertivamente y con una certeza impresionante. "El que pregunta correctamente acierta con más seguridad", era una frase que nos repetía.

Era de estatura pequeña, robusto, piel blanca casi transparente, siempre impecable en su vestir, con la misma loción–bastante fuerte y dulzona para mi gusto–, que ahora después de mucho tiempo entiendo por qué los niños reaccionaban de inmediato ante su presencia, el mismo andar y su eterna sonrisa. Con mesura y sin estrés, con mucha paciencia preguntaba al niño o a sus padres sobre lo que sentía, ¿cómo empezó?, ¿desde cuándo?, ¿qué es lo que crees que pudo ocasionarlo? Y demás.

Decía las cosas con una gran calma y un tono de voz que podría confundirse con parsimonia; al estar a su lado podría uno percibir lo lento que pasaba el tiempo –o la pérdida de mi valioso tiempo–, dependiendo del momento.

Sin embargo así era, y charlar con él era desacelerar el ritmo que todos los practicantes de medicina llevábamos y que nadie entendía.

"¿Doctor Arturo, puede ver a la niña de la cama doce?" Le preguntaron mientras atendía a otro niño. Y él con toda amabilidad contestaba: "¡Claro! ¿Qué necesita?" Después de escuchar con suma atención a la enfermera, analizaba si era una urgencia real o no y actuaba en consecuencia. Él se enfocaba por completo en el paciente que atendía.

Difícil en una profesión como ésta querer diferenciar entre lo urgente y lo necesario; lo prioritario de lo postergable, lo que uno mismo debe hacer en el acto o lo que puede delegar.

¿A dónde vamos a parar con tanta urgencia? ¿En qué momento nos acostumbramos a querer todo para ayer?

En unos cuantos años aprendimos a tener los lentes con la graduación correcta en menos de 45 minutos, a tener nuestras fotografías en 30 minutos y a olvidarnos de los rollos y también del cartero para dar la bienvenida al correo electrónico y al WhatsApp, a calentar o cocer alimentos sin fuego, a comunicarnos desde cualquier lugar a la hora que deseamos con quien deseamos y rapidito, a tomar y ver fotografías y videos en el mismo instante y enviarlas a cualquier parte del mundo con la misma rapidez, y así sucesivamente, esperar que todo sea cada vez más rápido.

Por supuesto todo lo descrito es una maravilla, pero como decía mi madre cada que llegaba un beneficio, *¡lo bueno cuesta!* Y mira que ha costado mucho porque ha sido un cambio sutil y constante de comportamiento en quienes gozamos de tan increíbles beneficios.

Todo lo queremos muy rápido y nos enganchamos en esa misma rapidez. No niego que hay cosas urgentes y relevantes, pero haciendo un alto en mi vida y poniéndome en la báscula de la verdad, me pregunto si todo lo que últimamente me ha urgido ha sido realmente urgente.

Hace unos días me llevé la sorpresa de que no. Fui al sastre con el fin de que me arreglara unos pantalones, obvio no para hacer la talla de la cintura más grande, sino una media talla más chica –¡hay niveles!– (¡mejorar, no empeorar!) y cuando el sastre me preguntó para cuándo los necesitaba, contesté: "Cuanto antes mejor, y si podrían estar para mañana se lo agradecería mucho." Y ahora que analizo, me doy cuenta de que presioné sin necesidad, porque dejé esos dos pantalones y de ahí me fui al aeropuerto a una gira de cuatro días.

¿Por qué solicité eso? ¿Por qué presioné sin necesidad a don Marcelino? Y para colmo, sé que se enterará de este pésimo hábito de presionar sin necesidad porque lee mis libros, (¡lo siento, don Marcelino! No es la primera vez que le digo: "Cuanto antes mejor", y usted lo sabe).

Si va un auto adelante de nosotros vemos la manera de rebasarlo, aunque no tengamos prisa. Siempre estamos acelerados y sin saber por qué. Deseamos que la gente responda con la misma inercia que traemos pero la gente tiene y lleva su propio ritmo. Al no lograr que lleven el mismo acelere

Enganchado a la rapidez que lleva todo el mundo

desmedido, ¿qué sucede? Nos frustramos, nos enganchamos en el enojo por la ineptitud de quien que nos rodea, compañeros de trabajo o familiares que simplemente ya nos tienen etiquetados como acelerados o, en el peor de los casos, como neuróticos.

"¡Rápido! ¡Arregla tu clóset en este preciso momento!" Y la negación de quien debería hacerlo en ese preciso momento nos encrespa. No sería mejor conservar la calma –que tanto necesitamos en momentos actuales– y decir: "¿Arreglas tu clóset ahorita o en una hora?"

Dar opciones me ha controlado, no cabe duda. No sabes cuánto.

> **¿Vale la pena privarnos de momentos presentes que podríamos disfrutar por estar enganchados en la rapidez que el mundo nos impone?**

A continuación comparto un ejemplo de cómo acciones sutiles nos cambian la vida: llega un mensaje por WhatsApp, de inmediato lo leemos y con la misma rapidez lo contestamos, estemos con quien estemos. Creemos inconscientemente en la urgencia que representa responder ese mensaje. ¿Qué sucedía antes del celular? Simplemente llamábamos y si no contestaban, dejábamos recado y ya. Me pregunto si ahora los seres humanos somos más felices y eficientes que antes.

Esa sensación de espera aumentaba las expectativas de ver y estar con la persona que deseábamos. Llegar a la casa y preguntar si alguien nos había hablado por teléfono era obligatorio, y más para quienes estábamos enamorados de alguien que no daba señales de estarlo al mismo nivel.

– Mamá, ¿me habló alguien?

– A ver déjame acordarme… no, no te habló nadie.

– ¿Segura, mamá?

– ¡Ah sí! Te habló una muchachita.

– ¡¿Quién?!

– Pues no sé, no me dijo.

– ¿Cómo hablaba? ¿Qué te dijo? ¿Te dijo que me llamaría? ¿O que yo le llamara? ¿¡Qué dijo!?

– Muchas preguntas que no sé –afirmaba mi mamá con toda calma–. *Mejor ve a la tienda y tráeme un litro de leche.*

Ya sabrás la incertidumbre de saber si era *ella* la que me había hablado. Por supuesto esto incrementaba la emoción. La espera puede ser una excelente estrategia para incrementar las emociones positivas tan necesarias para un gran amor.

> **No valoramos hasta que nos hace falta, no vemos las grandes virtudes de quien está, hasta que no está.**

En esta era de rapidez por los grandes avances tecnológicos, se puede cometer el lamentable error de estar siempre disponible, en forma inmediata, y con una eficiencia para responder que ni en la chamba la tendrías.

Los adolescentes de ahora viven con este gran beneficio que se puede volver en su contra si no saben nivelar o equilibrar el gran acierto de la tecnología llamado celular.

Ahora más que nunca se nota la urgencia de ser amados, de llamar la atención de los demás, de evitar a toda costa la soledad y querer siempre estar enterados de la vida y obra de los demás. Desean con vehemencia saber si todo el mundo vio lo bien que salieron en la *selfie* y sobre todo cuántos *likes* tienen en la foto que pusieron en Facebook.

Expresan a toda la gente de sus redes cuando tienen flojera, cuando tienen hambre, fotografían lo que se van a comer (¿para qué? No sé), informan cuando tienen sed o simplemente preguntan: "¿Qué hacen?" y esperan a que les contesten ¡pero ya!

No olvides que *darte a desear* un rato incrementa las expectativas hacia tu persona; incrementa la ilusión de estar contigo. "Un toque de misterio" interpreta Ricardo Montaner: "ese toque de misterio que avive nuestro amor..."

Pero, ¿qué sucede? Estás siempre disponible para contestar al instante y por lo tanto, ¿cuál misterio? De inmediato se descubre el velo. ¿Dónde estás? ¿Qué haces? ¿Cómo te sientes? Alegre, feliz, triste, aburrida y demás con los diferentes emoticones que incluye el WhatsApp.

Recordé la historia de doña Estela, una agradable y simpática señora que tenía 53 años de casada y ¡con el mismo! Toda una vida compartiendo un feliz matrimonio –palabras de ella que no sé qué tan reales eran.

Cuando el marido le hablaba para invitarla al cine o a cenar, ella siempre respondía:

– *No sé si pueda. Llámame en una hora y te digo.*

– *¡Mamá! ¿¡Para qué le dices eso a papá!?* –replicaba la hija mayor.

Y ella respondía:

– *Para que traiga la emoción...*

Después de tanto tiempo ella seguía con la tradición de hacerse del rogar, estrategia que, por lo visto, le ha funcionado por mucho tiempo.

Toma tu tiempo sin que esto represente baja efectividad y baja eficiencia.

También me pregunto si estar enganchado a la tecnología tendrá más beneficios para reducir la brecha educativa. En varios estados de mi país los gobiernos han luchado por entregar una computadora a cada estudiante, sobre todo a los que pertenecen a una familia de escasos recursos.

En relación a lo anterior, Jacob Vigdor y Helen Ladd, economistas de la Universidad de Duke, en Carolina del Norte, hicieron un seguimiento a un millón de estudiantes de secundaria de escasos recursos durante cinco años después de que recibieron computadoras conectadas a una red, y encontraron *una caída persistente en calificaciones de lectura y matemáticas*. Las calificaciones de niños varones y afroamericanos cayeron drásticamente. ¿A qué crees que se debió? Piensa un momento antes de seguir leyendo. ¡Acertaste! Debido a que muchos usaban sus máquinas para jugar, navegar en redes sociales y descargar entretenimiento.

Nos aceleramos tanto en el trabajo que nos llevamos ese acelere a casa, lo que nos impide dedicar tiempo de calidad a quienes decimos que más queremos.

Me gusta conocer a los mejores amigos de mis hijos, sin necesidad de meterme de más en sus vidas para que no se interprete como investigación, pero considero que al conocer con quiénes se juntan mi hijo y mi hija, me doy una idea de cómo pueden pensar y qué tanto peso tiene la innegable influencia de sus amistades.

Una compañera de estudios de mi hijo, al preguntarle a qué se dedica su papá, me contestó que toda su vida ha trabajado mucho y todo el tiempo. Obvio, yo pregunté a qué se dedicaba, no cuánto tiempo trabajaba. Su respuesta sonó más a un lamento que a una información trivial. Y me compartió que las pocas veces que toman vacaciones su papá tiene que estar conectado a la computadora y tomando llamadas todo el tiempo, pero que tanto ella como sus hermanos ya se habían acostumbrado.

Reconozco que el menos indicado para juzgar o hablar al respecto soy yo, ya que mi trabajo es viajar de un lado a otro; esta respuesta me hizo reafirmar que debo procurar que el mucho o poco tiempo que pueda destinar para estar con quien amo, sea al 100 por ciento. Si voy a platicar, me engancho en la plática. Si voy a jugar, me súper engancho en el juego, pero lo que haga lo haré siempre consciente de que esos momentos forman parte de un todo, y que se aplicará la sentencia tan conocida pero tan poco aplicada:

> **Al paso del tiempo**
> **de lo que más**
> **nos vamos a arrepentir**
> **no es de lo que hicimos, sino de**
> **lo que no hicimos, de lo que no**
> **hablamos,**
> **de lo que no reímos, de lo que**
> **no escuchamos.**

De lo que no amamos.

De lo que no disfrutamos... y podemos seguir con la lista de esos pequeños detalles que le dan sentido a la existencia.

Recordemos que vida sólo hay una y que se forma de pequeños instantes como el que estás viviendo en este momento y de ti depende que los disfrutes o no.

El mismo acelere en el que vivimos nos hace creer que *no hacer nada* es pérdida de tiempo y no siempre es así.

¿Por qué muchos sentimos culpabilidad cuando deseamos no hacer nada? Bajar el ritmo de nuestro paso para descansar merecidamente. Estoy seguro de que es por inercia, por costumbre a estar siempre con pendientes por hacer o adelantar, por la costumbre que el cuerpo acepta como real de estar acelerados, corriendo de un lado a otro.

La conclusión es clara. Vivir en acelere constante acorta nuestra vida por el estrés al que nos sometemos; además disminuye notablemente el grado de felicidad de quien lo padece, así como de quien lo rodea.

Increíbles descubrimientos realizados por la Universidad de Harvard concluyen que vivir estresados o acelerados disminuye la longitud del capuchón protector del ADN de todas nuestras células llamados telómeros, lo cual representa un factor más de envejecimiento prematuro. Lo que nos hace entender el porqué alguien sometido a mucho estrés producto de enfermedades o por el acelere al que se ve sometido envejece prematuramente.

Con base en lo anterior, vale la pena analizar la forma para dejar de engancharte al acelere y, sobre todo, afrontar las situaciones estresantes como retos, no como amenazas.

Enganchado en discusiones

* "¿Pero qué no entiendes? ¡Te estoy diciendo que
  no fue así!"
* "Por supuesto que el equipo jugó re-mal.
  ¿Cómo se te ocurre decir que fue error del árbitro?"
* "Mira, si alguien sabe de esto soy yo…"
* "Estoy bien segura de lo que estás pensando.
  ¡Te conozco!"

La última expresión corresponde a quienes disfrutan con discutir, a quienes sienten que tienen la verdad absoluta, pero
además de creer que es así, tienen ciertos conocimientos psíquicos para leer la mente. ¡Por favor…!

Lo cierto es que todos, en un momento determinado, creemos tener la verdad Irrefutable en ciertos temas que se transforman del diálogo ameno a la discusión acalorada.

El diálogo se define como: plática entre dos o más personas, que alternativamente manifiestan sus ideas o afectos sobre un asunto o problema, con la intención de llegar a un acuerdo o de encontrar una solución. Pero, ¿sabes identificar cuando ese diálogo se torna en discusión y acaba en pelea? ¿Consideras que sabes dialogar? ¿Sabes discutir? ¿Puedes mantener una conversación aun cuando la otra persona tenga ideas contrarias a las tuyas?

Siempre habrá actos o razones con los que vamos a estar en desacuerdo, ya sea con nuestra pareja, con los hijos, con nuestros padres o con nuestros compañeros de trabajo. Evitemos el deseo de ganar siempre la discusión minimizando los argumentos de la otra persona. No olvidemos que el objetivo es dialogar, llegar a acuerdos, no pelear.

Discutir es hasta cierto punto algo natural; algo que le puede dar un toque diferente a la reunión porque las pasiones siempre serán motivo de interés; ¿dime si no es lo que le da *rating* a un programa de televisión? Ese momento de clímax en el que los protagonistas de una entrevista, serie, película o *reality show* empiezan a expresar sus puntos de vista diferentes y terminan en una discusión acalorada, donde se plasma claramente la inteligencia de algunos o la falta de cordura y madurez de otros. Por supuesto el morbo vende y más ese morbo de ver que dos o varias personas no se ponen de acuerdo y entran en discusiones acaloradas donde se aprecia la poca madurez, la nula paciencia y la falta de prudencia y entendimiento que tenemos los seres humanos cuando alguien está en contra de nuestras ideas.

> **Hablando de madurez, estoy convencido de que dentro de la gran variedad de situaciones en las cuales se puede mostrar madurez a los demás, la más convencional es mantener la calma cuando los demás están alterados.**

Discutir es, sin lugar a dudas, una catarsis o válvula de escape gracias a la cual podemos extraer la presión que acumulamos al paso de las horas, días o años; es en la discusión cuando damos nuestro punto de vista ante determinada circunstancia, y a veces no medimos la forma en la que soltamos esa energía acumulada, la cual muchas veces no hemos podido descargar en otros ámbitos. Es el típico caso de quien trabaja en un lugar hostil, donde le es imposible expresar su malestar, y guarda un silencio doloroso que va convirtiéndose en coraje o rencor y lo desquita en otros lugares, en especial donde sí puede, y ese lugar es generalmente su propia casa, con la gente con quien sí puede ejercer control porque *lleva el sartén por el mango*. ¡Pobre esposa e hijos de quien es aplastado en su trabajo! O viceversa, también está el caso de la mujer sumisa y abnegada que desquita su coraje con los hijos; o el hombre aplastado, controlado por una mujer gallona y calzonuda que toda su vida estuvo acostumbrada a imponer su voluntad, entonces el *inocente* opta por no hablar ni expresar su sentir, pero en el trabajo, el sumiso se convierte en una fiera con la gente a su cargo y ya te podrás imaginar el tipo de jefecito que es.

Discutir debe ser un arte que incluya las siguientes destrezas:

1. Con quién discuto

Muy saludable hacernos este cuestionamiento antes de entrar en una discusión:

* ¿Quién es esta persona que está expresando su sentir o contradiciéndome en algo de lo que estoy plenamente convencido?
* ¿Vale la pena engancharme?
* ¿Tiene conocimientos del asunto en cuestión?
* ¿Es alguien de peso en mi vida?
* ¿Su historia personal me dice que es congruente y sabe generalmente de lo que está hablando?

Cuando formulo la pregunta para identificar si es alguien con peso en la vida, me refiero a una persona significativa que podría no tener la razón, pero que no es saludable ni conveniente entrar con ella en una discusión acalorada porque puedes ganarla a costa del resentimiento, y eso ocasionaría muchos conflictos; por ejemplo, tu jefe. ¿Es alguien con peso suficiente como para utilizar las valiosas cuerdas vocales que estoy seguro de que al paso del tiempo –y como todo– se van desgastando poco a poco?

Buen momento para identificar si es alguien que goza discutir sin ton ni son de cualquier tema o cuestión. Esos seres que Dios permite que se presenten en nuestro camino para poner a prueba nuestra capacidad de tolerancia, y que además disfrutan la polémica pues para ellos o ellas es un delicioso manjar que les permite degustar el malestar de los otros. Les permite soltar presiones que en otro lado no pueden externar porque no tienen fuerza ni credibilidad. Son esos seres de la creación a los que difícilmente les ganas y gozan cuando ven que te retuerces con uno o mil argumentos para convencer y que al final te dicen: "Pues no estoy de acuerdo, y hazle como quieras." ¡Sopas! ¿Y tú? Echando humo, terminando la discusión sin ganadores, pero sí con dos perdedores.

¡Hay ni-ve-les! Y entrar en discusiones con este tipo de personas puede ocasionarte malestares emocionales y físicos. ¿De verdad vale la pena engancharte con personas así?

2. **En privado**
   A todos nos molesta ser puestos en evidencia, y más cuando cometemos un error. Por demostrar superioridad o amenizar una reunión, podemos caer en la tentación de querer corregir a alguien delante de los demás. Ponemos en evidencia, por ejemplo, la capacidad de las personas, o restamos liderazgo al papá o a la mamá cuando se les corrige en forma agresiva y frente a sus hijos. La prudencia es una cualidad que indica la madurez de una persona. Procura corregir en privado, utilizando palabras adecuadas que inviten al crecimiento, no al desgaste, ni al bochorno.

3. **Una dosis de humildad con Ubicatex**
   Que se manifiesta escuchando con empatía, tratando de identificar los argumentos del otro sin prejuzgar o anteponer verbal o mentalmente nuestro sentir. Humildad para reconocer que no siempre tengo la verdad absoluta y que en cualquier discusión hay tres verdades: *mi verdad, tu verdad y la verdad.* Veamos si entre los involucrados podemos llegar a una verdad.

   La dosis de humildad se expresa al mantener una actitud afable, cordial, lo cual es sinónimo de inteligencia, aunque mi verdad no sea la que triunfe.

   Ubicatex es un medicamento imaginario que me tomo diariamente para recordar que no siempre tengo la razón y que es mejor tratar a la gente como a mí me gustaría ser tratado. Es esa dosis necesaria que me recuerda que cada quien tiene derecho a defender su verdad consciente de que puede ser mucho más certera que la mía.

4. Evita el *"multitiro"*

¿Qué significa eso? Al tratar un problema agregándole a la discusión emociones negativas como el coraje, la envidia o el rencor, tendemos a enviar un tiro múltiple. Explotamos y al mismo tiempo buscamos argumentos que nos ayuden a salirnos con la nuestra. Por ejemplo, qué caso tiene decirle a alguien: "Oye, ¿recuerdas la *metidota de pata* que hiciste el 8 de enero del año 1985, en la mañana?" O sacar a relucir ante la esposa o el esposo los múltiples problemas que tuvieron con la suegra desde que se casaron. Terminaríamos hablando de mil cosas que nada tienen que ver con el tema que estamos tratando. Tengamos en mente siempre qué objetivo tiene la discusión y qué es lo que se quiere lograr, buscando un ganar-ganar, es decir, quedar en paz.

5. Procura usar el *yo* en lugar del *tú*

Siempre ayuda a minimizar la reacción de la persona con la que discutimos.

He aquí unos ejemplos. En lugar de decir: "¡Es que tú dijiste...!" "¡Tú hiciste...!" etcétera, digamos: "Yo entendí...", "Yo me molesté por..." "Yo sentí que..." Vale la pena ponerlo en práctica. Evitamos que el otro se sienta mal con nuestras quejas. Recuerda que la gente olvida lo que le digas, lo que nunca olvida es cómo la hiciste sentir.

6. Utiliza el *"más-menos-más"*

Esta regla la aprendí hace muchos años en una conferencia a la que asistí, y ha sido la mejor estrategia para evitar resentimientos al momento de corregir a quien se equivoca.

El más, es expresar dentro del error algo positivo de su acción. El menos indica en qué se equivocó y con el último más se cierra con algo positivo. He aquí algunos ejemplos que te pueden ilustrar sobre cómo utilizar esta regla en forma cotidiana.

– *Gracias por el martillo, pero yo te pedí un desarmador, ¿podrías traerme lo que pedí?*
– *Claro que quiero ir contigo a ver a tu mamá. Sin embargo, hoy deseo más que pasemos juntos este día. Te prometo que mañana iremos a verla.*
– *¡Gracias por venir a la fiesta, pero fue ayer! Pero quédate, todavía tengo pastel.*

Es muy diferente la reacción cuando utilizamos el tacto o la sutileza al hablar con la gente que queremos y con quienes colaboramos.

7. Detecta y apoya la rendición inminente

Es la bandera blanca de la retirada. Es evitar la discusión sobre lo mismo, cuando la contraparte ya se rindió o te hace ver que se equivocó y ya no quiere discutir. Si la relación está basada en la amistad y en el amor, en algún punto de la discusión uno de los dos sacará la bandera blanca para ponerle fin a las hostilidades, y esto puede darse de varias formas: una risa espontánea, una disculpa, un chiste o un sutil cambio de tema.

8. Hacer sentir importante

Quienes tienen como estrategia de vida hacer sentir importantes a los demás, aun en los momentos de discusión, generalmente se convierten en personas interesantes y agradables. Nunca será buena estrategia hacer sentir a otros que tú eres más inteligente, porque obviamente ganarás la discusión a costa del rencor o el resentimiento. La estrategia de hacer sentir importante tiene un mejor impacto cuando es con sinceridad sin necesidad de caer en la adulación. ¿Cómo puedo decir mi verdad contundente sin hacer sentir mal? De antemano sé que tengo los argumentos necesarios para ello, pero busco la manera de expresarlo sin fomentar el dolor. Es recomendable al final de la discusión agregar frases como:

"Entiendo tu punto de vista… yo pensaría lo mismo en otras circunstancias…" O simplemente: "No quiero que mi opinión te haga sentir mal."

9. **Tiempo fuera**

Si sientes que la discusión está subiendo de tono, no te enganches y pide *tiempo fuera.* Expresión aplicada en el deporte cuando alguien necesita reivindicarse, ajustarse o nivelarse ante un suceso inesperado. Pedir tiempo fuera atenúa las emociones basadas en el coraje o el resentimiento. Decir a tiempo: "Déjame pensarlo", sin caer en la indiferencia. "Necesitamos calmarnos", sin olvidar los argumentos; "Vamos a hablarlo después porque en este momento estamos muy alterados", y esta pausa puede marcar la diferencia.

10. **No olvides la mayor prueba de madurez**

La máxima prueba de madurez es *mantener la calma cuando todos están alterados*. También hay que tomar en cuenta que muchas veces ganamos una discusión cuando la evitamos, quienes conocen la gran diferencia entre discutir y pelear identifican las situaciones en las que no vale la pena invertir tiempo con discusiones intrascendentes. Evitan las discusiones innecesarias y sin sentido, la palabrería que sólo lleva a discutir por discutir. Procuran no inmiscuirse en controversias tontas que a nada llevan. En otras palabras, y como ya se ha dicho muchas veces, prefieren ser felices a tener la razón.

Hagamos de una inminente discusión un arte donde brillen la cordura y el entendimiento. Y si esto no es posible por la apatía o la difícil personalidad de quien piensa diferente, termina con un argumento que invite a la reflexión o el porqué de tu punto de vista. Pero sobre todo... *¡no te enganches!*

Enganchado en querer cambiar a tu pareja

Recordémoslo una vez más, la gente es como es y punto. Duro aceptarlo, pero necesario reconocerlo. Nos enamoramos de alguien porque tiene algunas de las características que muy en el fondo de nuestro corazón deseamos o, ¿por qué no?, a lo mejor ni las tiene pero con el afán de creer que es la persona indicada nos hacemos a la idea de que es como queremos. Cuando hay urgencia por ser amados, enaltecemos escasas cualidades y minimizamos las diferencias y los defectos.

Deseamos que mínimo existan estos tres ingredientes que creemos indispensables en la relación: *atracción* (química), *amor* y *compromiso*.

Si existen algunas diferencias, aguantamos los primeros días, meses o años de relación, pero al paso del tiempo esas diferencias se hacen más visibles o tangibles, porque bajaron las hormonas que están presentes y activas en el enamoramiento, en especial la dopamina que, según los expertos, dura de tres meses a tres años.

Siempre que pregunto en mis seminarios y conferencias: "¿Cuál es la razón por la que una relación poco a poco se acaba?" La respuesta va a orientada a la falta de comunicación. Creemos que la comunicación es la clave de una relación duradera y feliz. Que si escuchamos de forma tranquila y amorosa el punto de vista de nuestra pareja, transformará esa relación conflictiva en una relación con armonía. Esto, en lugar de comparaciones, gritos o reclamos que nos alejan de la paz.

El psicólogo Carls Rogers enseñó por muchos años que una escucha que no juzgue y la aceptación de los sentimientos de la otra persona, crean una buena relación, a lo cual el doctor John Gottman, cofundador del Instituto Gottman para formación de profesionales y familias, profesor emérito de la Universidad de Washington y autor de numerosos libros, entre los cuales se incluyen *Guía de pareja para la comunicación; Lo que permite predecir el divorcio; Educando a un hijo emocionalmente, Las relaciones curan,* entre muchos otros, después de numerosas investigaciones con parejas que estaban a punto de divorciarse expresó que la comunicación no es suficiente.

Afirma que el hecho de que uno de los miembros de la pareja airee todas sus diferencias, traumas y conflictos o críticas y el otro sólo escuche tranquila y amorosamente no deja de convertirlo en un cubo de basura y muy pocas personas —quizá el Dalai Lama sí—, podrán seguir como si nada hubiera ocurrido frente a las críticas.

Seamos sinceros, la mayoría de los hombres cuando nos enojamos nos alejamos, nos vamos a ver la televisión o a leer

César Lozano

un libro, pero enojados. Puede ser que en un momento se nos pase, como es mi estilo, pero pueden también guardarse los agravios celosamente en el interior.

Me decía con mucho orgullo un compadre: "No hay nada mejor en el matrimonio que haberte casado con una mujer comprensiva y que no guarda rencores." Su esposa, dicho sea de paso, es una mujer que a primera vista es admirable, ya que el hombre habla y habla y ella lo ve con mucho amor ¿o compasión?, ¿o con una paciencia fuera de este mundo?, ¿o como soportándolo? No sé, pero lo ve. Y cuando él dice algo que, sin querer, no es verdad o exagera, ella prudentemente se lo hace ver, pero él no le hace caso o la calla con voz pausada diciendo: "Tú no sabes." ¿Y ella? Ella callada, pero no enojada. Mi compadre, digamos que es de un temperamento fuerte, impulsivo, impositivo, con voz fuerte y algo desesperado. Ella, todo lo contrario.

Se jactaba de lo maravillosa que es su esposa, ya que en las diferencias naturales que toda pareja tiene, ella optaba por escucharlo pacientemente y ceder.

No me extrañó que un día, sin más, me haya llamado para decirme que se separaba de su esposa, obvio a petición de ella. Más de 27 años de matrimonio ¿feliz? Terminado porque una día ella explotó y no aguantó más.

Las parejas que se llevan bien conocen esas diferencias y *deciden* aceptar a la otra persona con sus virtudes, defectos —aguantables o soportables, claro— y con su manera de ver el mundo.

Después de muchos años de investigación, el doctor John Gottman publicó que es capaz de detectar en un 91 por ciento de exactitud si una pareja se divorciará o seguirá casada con sólo observarlos cinco minutos.

Él expresa que las parejas no acaban separándose porque discutan, sino por cómo discuten. Eso es lo que aumenta la probabilidad de que la relación termine.

> Hay otras parejas en las que la sumisión no está entre sus estrategias. Invierten meses o años y una gran cantidad de energía intentando cambiar al otro, pero los desacuerdos tienen que ver con los principios, los valores y la forma diferente de ver el mundo.

Lo anterior lo descubrió observando interminables horas de interacciones entre parejas, por lo cual me permito compartirte cuáles son los parámetros que el doctor Gottman asegura que hace que esa pareja esté a punto de terminar:

1. **Arranques difíciles.** Son esas personas que parecen burro desbocado, que en la mínima diferencia sueltan palabras hirientes, ofensas, sarcasmos y demás. Parece que les ponen un cuete en *santa sea la parte* y reaccionan en forma explosiva.

   La gente que no tiene nada que ver con la pareja ve una reacción así y no entiende qué pasó o por qué reaccionó así, si lo único que le dijo el otro fue: "Se te olvidó el suéter."

   Cuando le preguntan por qué contestó tan agresivamente a su pareja, empieza con la perorata: "Siempre me está corrigiendo", "ella cree que nunca se equivoca", "ella debió acordarse, no yo", entre otras.

2. **Críticas.** No confundir una queja relacionada a una acción con una crítica personal. Las críticas personales van hacia la forma de ser, vestir, comer o hablar del otro. Y si esto no se maneja correctamente; tarde o temprano termina en crisis.

3. **Señales de desprecio.** Ojos hacia arriba, muecas, burlas o la manera en la que nos expresamos de nuestra pareja cuando no está, aunque sea en broma.

¿Qué fuerte no? ¿Cuántas parejas hacen bromas o se quejan *jugando* de su esposa cuando ella o él no está? O peor, en su presencia y ella nada más se ríe; ¡pues qué le queda!

4. **Actitud defensiva.** El del problema siempre es el otro. No yo. Listo para defenderme ante cualquier diferencia.
   – *Es que tú siempre.*
   – *Es que tú nunca...*
   – *¿Yo? ¡Yo no hice nada!*
   – *¿Enojado? No, la enojada eres tú.*

5. **Evadir.** Muchachos, reconozcámoslo. Generalmente nosotros somos los que evadimos con frases como:
   – *¡Ya, está bien!*
   – *¡Como tú digas! Al cabo siempre tienes la razón, tú nunca te equivocas.*
   – *¡Hazle como quieras!*
   – *¡No tengo por qué soportar esto!* **aquí entre nos, ésta me encanta.**
   – *¡Me voy al otro cuarto!* **Y otras más...**

6. **Desbordamiento emocional.** No hay control de emociones, aumenta la presión arterial y la adrenalina y, por lo tanto, decimos o hacemos cosas de las que nos arrepentimos después.

7. **Fracaso de los intentos para arreglarlo.** No vemos la bandera blanca. No somos capaces de entender que nuestra pareja ya se rindió y esa broma que está haciendo es para calmar el pésimo ambiente que se formó. No aceptamos una frase como: "Necesito calmarme, perdóname estoy muy enojado."

Gottman dice que tener uno o varios de estos puntos no necesariamente predice un divorcio, pero si suceden durante un
tiempo considerable es muy probable que la relación se rompa o terminen por seguir juntos aguantándose uno al otro
por sólo algún tipo de beneficio obtenido en esa relación.

Los cuatro jinetes del Apocalipsis son:

**1: la actitud defensiva, 2: el andarse con
evasivas, 3: las críticas y 4: el desprecio.**

Contrario a lo negativo, lo que hace que una relación perdure son tres factores:

* El conocimiento e interés por el mundo de nuestra
  pareja, pero que dicho interés sea genuino, no como
  lo expreso en una de mis frases matonas: *Una relación en peligro de extinción: tu dolor no me duele, tu
  alegría no me alegra.*
* Atender a tu pareja. El servicio siempre reditúa frutos. Esas pequeñas acciones que demuestran que te
  quiero porque te atiendo.
* Tus opiniones importan. Qué agradable es ver que lo
  que te sugiero lo aplicas. Que lo que me dices me importa. Eso sin duda incrementa el amor.

Evitar engancharnos en los problemas que por naturaleza tenemos en pareja es imposible, pues pasamos juntos
la mayor parte del tiempo y prácticamente compartimos
la vida. Por eso estoy convencido de que el conocimiento
de lo que se ha comprobado en años de investigación respecto a lo que separa poco a poco a una pareja y lo que la

une, ayudará a tomar acciones contundentes. Te pido que hoy mismo analices los puntos anteriores y realices una lista de verificación. ¿Con qué me identifico más? ¿Con actitudes que separan o con actitudes que nos unen?

Desconozco el autor de estas afirmaciones pero vale la pena compartirlas:

Hay que mirar siempre en cinco direcciones.

1. Adelante para saber a dónde te diriges.
2. Atrás para recordar de dónde vienes.
3. Abajo para no pisar a nadie.
4. A los lados para ver quién te acompaña en los momentos difíciles.
5. Arriba para saber que siempre hay alguien que te mira y te está cuidando.

Enganchado a la perfección

Conforme pasa el tiempo nos hacemos mañosos y melindrosos. Empezamos a molestarnos por cosas que antes no nos afectaban. Empezamos a aborrecer ciertas acciones o costumbres de personas que están cerca y creemos que son causa de nuestra infelicidad.

Tengo que reconocer que estoy hablando más de mí que de la gente que conozco.

¿En qué momento empezamos a tomarle importancia a situaciones que nos tenían sin cuidado?

Deseamos que todo marche sobre ruedas pero no aceptamos que vivimos en un mundo imperfecto con gente igual de imperfecta, con traumas, limitaciones, miedos, rencores y frustraciones.

En mi infancia no había aire acondicionado y mi querido Monterrey se caracteriza por el clima extremoso, el invierno cala hasta los huesos y en verano hace un calor tremendo que dura varios meses. Mis tres hermanos y yo nos acostumbramos a dormir con un deteriorado abanico giratorio y se convirtió en un estilo de vida aceptable. Probablemente porque no conocía otro estilo mucho mejor.

Nos acostumbramos a lo bueno y a lo malo por la capacidad que tenemos para adaptarnos. Esa costumbre de empezar a ver, y luego a criticar cómo come tal persona, su forma de hablar o de vestir, su manera de ser y que ese tipo de acciones nos afecten es lo que hace que estemos enganchados a lo que no podemos controlar.

Buscar la perfección en cada momento a través de la "cero molestia", nada de dolor, y ante la mínima situación de incomodidad poner un remedio que te ayude a estar mejor, ¿tienes los recursos para eso? ¡Qué bueno! Y aun así, con toda la abundancia que tengas, habrá momentos en los que siempre querrás más comodidad, menos calamidades y difícilmente lograrás la perfección a tu alrededor.

En una ocasión alguien me dijo que se encuentra una gran paz cuando acostumbras a tu cuerpo a pequeñas calamidades, y de esta forma puedes adaptarte más fácilmente a las imperfecciones que encontramos y que son parte natural del diario vivir.

Sí, acepto que tengo ciertas obsesiones que muchas veces me amargan el momento, pero de verdad no puedo, o mejor dicho, no debo modificarlo, porque me metería en más problemas.

En este preciso momento que escribo este capítulo del libro voy en un vuelo de Panamá a México y a mi lado va a un hombre tomando una bebida y masticando grotescamente el hielo. Lo más original de su forma de succionar y masticar el hielo es que devuelve pedazos al vaso.

Sé que es una tontería —o una asquerosidad— y sé que a él

le tiene sin cuidado que me choca escuchar esa trituración del hielo y cuantimás ver –porque soy muy curioso– cómo devuelve pedazos de hielo babeados a su vaso. Y así se la pasa en el vuelo y, para colmo, ya pidió otro vaso con muuuucho hielo –¡no puede ser! Habiendo tantos lugares en el avión, y muchos más pasajeros, tenía que tocarme este individuo a mi lado. ¿Será enviado por el Creador para probar mi tolerancia?

Sonidos similares en el cine al escuchar cómo mastican poco a poco sus crujientes palomitas quienes están en la fila posterior me han amargado películas. Reitero, uno se va haciendo mañoso al querer la perfección alrededor.

Se inicia con cosas relevantes relacionadas con la comodidad y se termina por aborrecer cosas que para la mayoría son insignificantes.

"¡Ya te enganchaste, César Lozano!", me digo con frecuencia cuando pongo toda mi atención en ver o escuchar algo que me desagrada.

¡La gente es como es y punto! No siempre estoy en la posición de que la gente modifique sus manías y en cambio sí he sido capaz de que quienes no daban importancia a esos detalles, por mi culpa se hayan hecho igual de quisquillosos, lo que ha convertido a cualquiera de esos momentos en algo desagradable.

Mi esposa jamás había reparado en el ruido de la trituración de palomitas en la boca de quienes están cerca de nosotros en el cine, y ahora ella es la primera que lo detecta. "¡Yo era muy feliz no poniendo mi atención en esas cosas que tanto te molestan!", me dijo en una ocasión. No puedo negar que me hizo sentir mal su comentario porque he sido el causante de que algo insignificante le haya afectado a tal grado que ahora, también ella, se desconecta de la película esperando que la persona termine de triturar en su boca las palomitas de maíz.

que me llegan a encrespar los nervios, pero de un año y medio para acá he decidido poner un alto a esta obsesión que a nada me lleva.

Si por alguna razón vives algo similar, te recomiendo los siguientes tres pasos que estoy realizando y que me han servido mucho para no engancharme en tonterías como éstas:

1. **Entre más lo piensas, más poder le das.** Conforme damos rienda suelta a nuestros pensamientos, se abre toda una gama de posibilidades nocivas ya que dedicamos tiempo a lo que no importa o a lo que nos hace sentir mal. Los pensamientos ocasionan sentimientos y a veces estos sentimientos están basados en la incomodidad que sentimos. ¿Vale la pena desgastar tanto *software* de la mente y, por lo mismo, gastar tanta energía que podría ser utilizada en algo más productivo? Entre más pienses en lo que te desagrada, más te enganchas a eso.

2. **Evita expresar todo lo que te choca.** De tanto decirlo se convierte en un decreto que toma tal fuerza que, si antes te chocaba, conforme pasa el tiempo te va a *requeterrecontrachocar*. A costa de repetir una y otra vez que no soportas esto o no toleras aquello, toma una mayor intensidad a la que ya de por sí era considerable.

3. **Toma tus medidas precautorias.** Si te es posible evita el contacto con seres que te desquician por sus costumbres y hábitos para ti desagradables, es buen momento para reservarte el derecho de admisión del tiempo que les destinas. La verdad sea dicha, no tienes por qué estar con quien no te agrada y mucho menos con quien no sientes ningún tipo de aprecio. Pero si hay un nexo con esa

persona y no quieres perder tan valiosa relación y aún re-
curre a sus manías, repasa la lista diaria y mental de todas las virtudes y características que te hacen apreciar a
esa persona. No puede ser que por un defecto eches por
la borda a quien te demuestra constantemente lo importante que eres en su vida.

Difícil entender cómo mi tía aguantaba los ronquidos
de mi tío Juan. En una plática con mis primos me ente-
ré de que los ronquidos se escuchaban a varios metros,
y que el hábito de cerrar puertas durante la noche era
por tan fuerte ruido. Cuando le pregunté sobre la forma
como sobrellevaba esta calamidad, sonrió con sinceridad y dijo estas palabras que sólo la sabiduría adquirida
al paso de los años hace posible: "Es una pequeña molestia a la que me he acostumbrado poco a poco; hemos
intentado de todo y no disminuye y además saber que
ronca es recordarme que vive y lo feliz que soy de tenerlo." ¡Zas! ¡Una santa!

La verdad no sé si yo reaccionaría igual pero lo que me
queda claro es que sí soy de escucha sumamente sensible y cualquier sonido me molesta en el silencio total,
¡bendito invento, los tapones de oídos! ¡Son una maravilla! Durante la noche evitan que me concentre en otra
cosa que no sea mi respiración, además impiden la inte-
rrupción del sueño por ladridos de perros sin quehacer
y a los que por cierto les tiene sin cuidado mi necesidad
de dormir. Por supuesto no te los puedes poner durante
la transmisión de una película, para o cual te recomiendo el punto 1.

Si me molesta tanto ver algo, simplemente enfoco mi
atención en otra parte, en lugar de estar analizando uno
a uno los movimientos que me desagradan.

4. **Acostumbra a tu cuerpo a pequeñas calamidades.** Así como lo lees. Cada día acostúmbrate a soportar algunas cosas que conscientemente sabes que te molestan, diciendo: "Es parte de la vida y esta molestia no es para siempre. A este hombre que ahora está chupando hielos asquerosamente lo soportaré sólo una hora y media de mi vida, que es lo que falta de vuelo. Ofrezco este sacrificio por la salud de tal persona."

El mundo no puede ser siempre como deseamos ni estar a nuestro favor. Así que la imperfección es parte de esta vida; tenemos dos caminos: nos enganchamos al malestar que no podemos modificar, llenándonos de amargura y coraje, o nos adaptamos recordando que nada es para siempre, aprendiendo y reconociendo nuestra capacidad de tolerancia y madurez que adquirimos con cada paso. Vale la pena, ¿no?

César Lozano

Enganchado a las reacciones negativas de tus hijos

¿¡Qué no entiendes!? ¿De qué forma te hablo?

* "¿En qué idioma, dialecto o lengua muerta o resucitada te hablo?"
* "¡Me vas a matar!"
* "¡Me va a dar un infarto! ¡Ya se me está empezando a enchuecar la boca por la embolia que me estás ocasionando!"
* "¡Ah! Y guárdate esas lágrimas para mi funeral..."
* "¡Ya estoy harta de que me contestes así!"
* "Me estás empezando a colmar la paciencia..."
* "¿Qué dijiste...? ¿Qué dijiste...? ¡Repíteme lo que me acabas de decir, insolente!"

¿Alguna vez has escuchado estas frases lastimeras, llenas de resentimiento, chantaje y dolor? Lo cierto es que muchos las hemos expresado o reaccionamos gritando como trastornados o poseídos antes de decirlas.

Nos desesperamos ante la poca o nula respuesta a una petición que les hacemos a nuestros hijos para que hagan determinada actividad. ¿Y qué sucede? Nuestro ego se ve afectado, nuestra valía como padre o madre se cuestiona, el victimismo brilla exageradamente y se pone a prueba nuestra capacidad de control.

Reaccionamos igual o peor que el niño, adolescente o joven que nos desafía, utilizando amenazas o palabras más hirientes para contrarrestar la terrible afrenta. Se supone que deberíamos marcar la pauta de cómo reaccionar ante un agravio, ¿no? Pero tristemente nos gana la emoción y reaccionamos de la forma menos indicada, porque le estamos enseñando indirectamente qué hacer cuando se vean sometidos a situaciones iguales, donde las víctimas sean sus hijos.

He visto que solemos utilizar las siguientes estrategias cuando no obtenemos la respuesta esperada, no obtenemos respeto o cuando no hacen con prontitud y eficiencia lo que les pedimos.

1. **Pedimos.** "Por favor tráeme..."
2. **Rogamos.** "Ándale, por favor..."
3. **Exigimos.** "En este preciso momento vas..."
4. **Nos enojamos.** "Bueno, ¿¡qué, estás sordo!?"
5. **Amenazamos o manipulamos.** "Si no lo haces olvídate de tu X-Box."
6. **Castigamos.** "¡No sales en un mes!" (¿En serio? ¿No sale en un mes?)

7. Nos arrepentimos. "Me la bañé con eso de un mes..."
8. Rompemos el castigo. "Bueno, ya sal, ya pasaron tres horas..."
9. Cumplimos el castigo. "¿Por qué me siento culpable?"
10. No entendemos en qué fallamos. "¿Seré tan mal padre?"

Y se repite el ciclo...
– *Por favor traerme las llaves...*
– *¿Me oyes?*
– *¡Que me traigas las llaves!*
– *Si no me las traes en este preciso momento, no te la vas a acabar.* (Así me decía mi mamá y la verdad es fecha que no sé qué es lo que no me iba a acabar.)

Gritos, alaridos y demás que, en un principio, asustan mucho y luego... como que después uno se acostumbra. Entonces, viene la amenaza que hacemos para que se haga nuestra santa voluntad, y dicha amenaza va a lo que creemos que más les duele, el auto, el videojuego, el nuevo celular que espera con ansias, ese permiso especial o el dinero que le das. Desafortunadamente la amenaza no es pensada y sacamos de lo más profundo de nuestro ser lo primero que nos llega a la mente que creemos que va a calar y ¡mucho!

Castigamos con acciones tan fuera de la realidad como:
– *¡No vuelves a ver la televisión en tu vida!*
– *¡No te vuelvo a hablar nunca más!*
– *¡No te vuelvo a preparar la cena; de hoy en adelante te la preparas tú!*
– *¡Ok, no vamos a ir nunca más de viaje!*

– ¡Tu carro se queda en la cochera para siempre!
– ¡Te voy a quemar la boca por grosero!

* ¿De verdad no lo vas a dejar ver la televisión nunca más?
* ¿Lo privarás para siempre de tu melodiosa voz?
* ¿Nunca más le volverás a hacer de cenar?
* ¿Jamás viajarás con tu hijo?
* ¿En serio el auto se quedará para siempre en esa cochera?, ¿no sería mejor venderlo?
* ¿Serías capaz de quemarle la boca?

Simplemente amenazamos con castigos que no cumpliremos y todo porque nos ganó la emoción y perdimos la cordura. Y cuando pasan los minutos, las horas o escasos dos días, el malestar y el arrepentimiento se presentan por lo dicho, hecho o amenazado, y nos enganchamos en un círculo vicioso donde todos pierden y crece el resentimiento.

Lo mismo sucede cuando no hacen lo que se les pide una y otra; y otra vez. Expresamos a gritos que tenemos que repetir las cosas mil veces (exageré, exageré, exageré). Bueno, no fueron mil veces, pero sí muchas. Y nos damos cuenta de que obedecen más cuando se les grita que cuando se les habla *civilizadamente*. Entonces gritamos, amenazamos y perdemos el control, lo que muchas veces ocasiona un sentimiento de culpabilidad.

* ¿Seré muy mal papá?
* ¿No tengo paciencia?
* ¿O será que mi hijo me está desafiando y tiene como consigna hacerme la vida insoportable?
* ¿Estaré pagando un karma de mis antepasados?
* ¿Acaso será un castigo de Dios?

Lo cierto es que nos sentimos muy mal por no tener la firmeza suficiente para imponer nuestra voluntad y evitar la culpabilidad que se apodera de nosotros al reaccionar así.

Nos sentimos como padres desnaturalizados sin corazón y entonces sufrimos por no entender qué es lo que sucede. "¿Será que debería ser más estricto?" (¿más?) "¿O quizá más consecuente?"

Y volvemos a lo mismo:

* "Le tengo que repetir mil veces para que haga caso."
* "Sólo me obedece cuando le grito."
* "Me siento mal por no tener la firmeza suficiente."
* "Me siento la mala del cuento, pero es lo único que me funciona..."

¿Qué pasa cuando tus hijos no te hacen caso y las cosas se salen de control en casa? De seguro te has escuchado pidiéndole algo amablemente a tu hijo o hija, y acto seguido, pasa el tiempo y no sucede. ¿Qué haces? Repites la instrucción. Y repites... y repites... y repites...

A lo mejor empiezan las amenazas o el chantaje emocional, o esperas a que hierva lo suficiente la caldera y entonces... ¡EXPLOTAS! Y cuando te das cuenta ya te enganchaste, intercambiaste obediencia por afecto y lastimaste lo que más amas.

Recordarás el dicho: "El que se enoja pierde", pero en realidad no es cierto. El enojo no te hace perder. La frase correcta es: "El que se engancha pierde." Porque cuando te enganchas, reaccionas. La parte más inmadura de ti toma el mando, ya sea que explotes o que los hagas sentir culpables, y así acabas lastimando a tus hijos.

En mi programa de radio entrevisté a Gaby González, a quien le agradezco su aportación en esta parte del libro y las cápsulas informativas semanales en mi programa de radio. Ella es cofundadora de la asociación Niños de ahora y una experta en el tema; me decía que cuando sucede lo anterior, los padres caemos en algo que se llama *paternidad reactiva.*

La paternidad reactiva es el resultado natural de padres con mucho corazón, pero poco preparados. No quieren lastimar a sus hijos, pero no saben cómo hacerlo.

> **Tipicamente éstas son las estrategias que usan la mayoría de los padres para controlar el comportamiento de sus hijos:**
>
> * Amenazas: "Si no limpias tu cuarto, hoy voy a regalar tu X-Box."
> * Manipulación: "Si no haces tus tareas, olvídate del cine."
> * Ruegos: "Ándale, mira que si no acabas, no llegarás al futbol."
> * Repetir e insistir: "Hijo, es la tercera vez que te lo pido…"
> * Gritos o nalgadas: "¡A mí no me contestas, yo soy tu madre!" (Las nalgadas u otros tipos de golpes nunca están justificados.)
> * Castigos: "¡No hay iPad por un mes!"

Tristemente, este tipo de reacciones son el pan de cada día, llenan los hogares de resentimiento, incertidumbre y culpabilidad. Los padres se la pasan enganchados a estos sentimientos porque se convierten en repetitivos, y todos sabemos que si seguimos haciendo lo que siempre hemos hecho, la vida nos seguirá dando los mismos resultados.

La especialista me expresó algo que sinceramente me dejó pensativo por varios días:

Tu hijo refleja cómo eras tú a su edad. Ves en él todo tu potencial y depositas todas tus expectativas, tus deseos incumplidos, tu miedo al fracaso… tu sombra. Y haces todo esto sin darte cuenta. Después de todo, tus padres lo hicieron contigo.

Si bien es normal que esto suceda, no significa que sea lo mejor. Sólo indica que casi todo el mundo lo hace.

Gaby García me compartió tres pasos significativos para evitar la paternidad reactiva:

1. Identificar sus patrones reactivos. ¿Qué es lo que dispara el enganche en cada uno?
2. Hacer un *alto*. Cada vez que sube la temperatura emocional, quien se da cuenta declara "alto" y todos paran en seco.
3. Abordar las necesidades de fondo. Cuando las necesidades reales son atendidas, el enganche desaparece.

Cuando nacieron nuestros hijos, no se nos entregó un manual de procedimientos que nos indicara paso a paso cómo reaccionar ante cada situación que nos altera. Vivir enganchados, luchando por el poder y el control, es una manera terrible de desperdiciar la vida, y al final de cuentas, el tiempo vuela y para cuando hacemos acuerdos ya pasó la niñez de nuestros hijos y quedamos inmersos en la incertidumbre de saber si somos o no buenos padres. Los enganches sucederán, pero puedes aprovecharlos para hacer magia en tu vida y en la de tus hijos.

Nunca olvidemos, la mejor herencia que podremos dejar a nuestros hijos será que aprendan, con nuestro ejemplo, cómo reaccionar ante las diferentes adversidades a las que se enfrentarán en sus vidas.

Problemas de todo tipo tendrán; recibirán ofensas, serán presas fáciles de depredadores que quitan la energía y el buen ánimo sin piedad, pero lo que marcará la diferencia serán las estrategias que hayan aprendido para controlar la frustración y las emociones. Y el mejor maestro serás siempre tú.

La decisión está en tus manos. Por supuesto que todas estas reacciones pasarán siempre y cuando identifiques que eres tú la pieza clave de permitir o evitar que continúen.

Enganchado a las reacciones negativas de tus hijos

TÉCNICA INFALIBLE PARA NO ENGANCHARTE A LAS OFENSAS DE TUS HIJOS

"Voy a hacer de cuenta..." Esta frase la he traído durante los últimos años como una maravillosa estrategia para no engancharme. Te comparto cómo la puse en práctica por primera vez:

Un Día del Padre, mi familia me invitó a comer para celebrar al *rey de casa*. Digamos que nunca será una celebración que se le parezca en importancia a la del Día de la Madre. Por eso, puse eso del *rey de casa* –que, aquí entre nos, tú y yo sabemos que no es así, ya que quien gobierna generalmente es otra. (Qué comentario tan lastimero ¿no?, pero no lo quito.)

Mi hijo estaba desvelado, pareciera que quien celebró la noche anterior fue él, y yo cual vil adivino del futuro le dije claramente:

– *Sé que cuando estás desvelado tu carácter cambia; andas más... sensible por no decir* **irritable, malhumorado, mal encarado, emperrado o de mírame y no me toques** *y otros adjetivos más que pudiera agregar... y no quiero que me amargues mi día.*

– *No, papi, voy a andar muy bien* –fue su respuesta.

Como era de esperarse, y para no poner en tela de duda mis escasas dotes de adivinador, mi hijo estuvo serio e irritable durante la comida en el restaurante. A comentarios y preguntas contestaba con un raquítico sí o no. Su cara digamos que no invitaba a la plática sabrosa, sino todo lo contrario. Y en un momento determinado, ante cierto comentario, reaccionó con mi hija diciéndole con palabras hirientes: "¡Ya! ¡Me tienes harto! ¿Para qué naciste?"

Mi esposa estaba a punto de reaccionar con la típica decepción y dolor que una madre abnegada y amorosa puede sentir ante tremenda ofensa. Y yo, sujetando por debajo de la mesa su pierna, le dije: "Tranquila." Y viendo fijamente a mi hijo le hablé con voz calmada, pausada, llena de paz digna de un monje tibetano recién salido de un retiro de espiritual con duración de diez años en la montaña más recóndita del Himalaya: "Hijito, voy a hacer de cuenta que no dijiste eso. Voy a hacer de cuenta que no escuché. Hablamos en la noche."

Tomé mi copa y dije con una sonrisa: "¡Salud!" Y, posteriormente, cambié de tema. Obviamente no es la reacción que hubiera tenido en otro momento. Antes, ¡no se la hubiera acabado! –como diría mi madre. Me habría enganchado en la emoción nefasta y negativa llamada ira:

– *¡Te vas al auto y te esperas ahí!*
– *¡Y ni creas que vamos al cine!*
– *¡Tenías que amargar mi Día del Padre, sabía bien que ibas a salir con tu trastada, pero bueno!*

Y posteriormente el victimismo en todo su esplendor: "¿Pero qué más puedo esperar de ti? Sólo eso, que el único día que celebramos los papás, me lo amargues...", obviamente todo dicho con una cara de mártir, prueba de estar desecho por la ingratitud de la gente que amo.

El ambiente hubiera quedado desolado, mi hijita se sentiría culpable también por haber fomentado parte directa o indirectamente de mi enojo o tristeza.

Mi esposa hubiera tomado mi reacción como un aliciente más a la indignación y a su tristeza por las palabras hirientes de mi hijito y la plática continuaría con el mismo tema:

– *¿En qué momento se hizo así?*
– *¿Tenemos que tomar medidas más estrictas?*
– *Voy a quitarle el auto unos días...*
– *Mejor pido la cuenta y nos vamos a la casa.*
    Y se acabó la celebración...

Decidí no engancharme. Decidí la estrategia de creer o convencerme de que no quiso decir lo que dijo y sobre todo no permití que sus palabras hicieran más olas tipo tsunami en el mar de la celebración. Decidí ser más paciente y prudente.

Saliendo fuimos al cine y ¡hasta le compartí de mis palomitas! Al rato él estaba muy platicador y contento. Yo igual. Pero por supuesto que no dejé las cosas así. Al llegar a mi casa y antes de irse a dormir fui a su cuarto y le pregunté:

—*Ahora sí, dime, ¿qué quisiste decir con eso de que ojalá no hubiera nacido tu hermana?*

—*No, papi, no quise decir eso. ¡Perdón!*

—*¿Ah sí? Entonces vaya y pida perdón a su hermana y a su mamá.*

Regresó, platicamos de la importancia de no reaccionar impulsivamente y, sobre todo, del tema que más deberíamos de tener en cuenta: el de la tolerancia. Escuchó con atención, dijo sus argumentos y fin. Lo hecho, hecho está, y es mucho mejor estrategia enfocarnos en alternativas de solución, que en el pasado que no podemos cambiar.

Después de este episodio que se desarrolló con cierto éxito en la película de mi vida, decidí aplicarlo en otros momentos.

Cuando escucho que en mi casa o en el trabajo se hace cierto comentario hiriente en contra de quien no está, digo la misma frase con el fin de no seguir con el tema: "Voy a hacer de cuenta que no escuché eso", lo cual sutilmente quiere decir *cambiemos de tema.*

Tengo que reconocer que el tiro sale por la culata, porque en dos o tres ocasiones mi hijita me dijo: "Papi, voy a hacer de cuenta que no dijiste eso. Innecesario tu comentario." ¡Zas!

Ni modo, así es esto y lo positivo y gratificante es que expresar esa frase puede ayudar a no tomar personalmente los comentarios ni los agravios; dichos muchas veces sin pensar.

Ayuda a no engancharte en ciertas situaciones que no valen la pena y que si se continúan, se complican por los agregados que las emociones negativas provocan.

"Voy a hacer de cuenta, que no sucedió esto..." Lo expreso cuando los ánimos se ven alterados en ciertas discusiones donde nadie gana y se empieza a caer en provocaciones.

No cabe duda, la bronca *No es lo que nos pasa, sino la forma en la que reaccionamos a lo que nos pasa.* Lo que de verdad complica las cosas son nuestras reacciones, no el hecho en sí. Vale la pena evitar engancharte con momentos de ira de los demás.

La mayoría de la gente enojada dice cosas que no quiere decir o se arrepiente después. Por eso te recomiendo esta estrategia de decirte o decir:

> **"Voy a hacer de cuenta que no escuché eso..."**
> **"Voy a hacer de cuenta que no quisiste decir eso..."**

No te enganches con quien llega con una carga de cansancio o dolor. No te enganches con quien desea poner a prueba tu madurez y cordura. Pero sobre todo, no te enganches con palabras hirientes de la gente que amas, mantén la calma y deja que el tiempo haga lo suyo.

Se supone que jóvenes y adultos con cierto grado de madurez, la cual me imagino que dices tener al igual que yo, debemos marcar la pauta sobre cómo reaccionar ante lo que no queremos escuchar o ver. Y, sin embargo, caemos en las garras de la tentación de reaccionar al *son que nos toquen* y bailamos al ritmo de los gritos y las ofensas.

Sé y acepto que no siempre es posible, pero demostrar cordura, inteligencia y madurez cuando todo el mundo está alterado es y será siempre la mejor conducta que podamos compartir.

Enganchado al deterioro prematuro

"¡Claro que no quiero llegar a viejo! Después de ver cómo sufrió mi abuelo... Además –agregó– para andar causando lástimas, mejor no. Prefiero morir joven."

Palabras expresadas por un estudiante de preparatoria al finalizar una de mis conferencias cuando le pregunté cómo se imaginaba en su tercera edad. ¡Hablaba de la vejez como un castigo o como un trance doloroso! Algo que no deseaba por lo mal que él se visualizaba. ¿Pues qué tipo de vida piensas llevar para terminar así?

Por supuesto yo sí quiero llegar a esa edad de oro, donde pueda seguir disfrutando de la vida y, además, pueda guardar en mi mente tantos recuerdos que me hagan sentir bien.

No sé cuál sería tu respuesta ante semejante pregunta, ni tampoco sé cómo te gustaría verte en la tercera edad, y mucho menos tengo la respuesta a si llegarás o cómo te verás. Pero sí me queda claro que tenemos, en gran medida, el poder de la decisión sobre la calidad de vida que deseamos.

Es una gran verdad el dicho popular: "Como te ves me vi, como me ves, te verás", aunque sí tengo que aclarar que no todos envejecemos igual, ¡ojalá pueda llegar y verme a los 85 años como se ve mi padre! Por supuesto que además de la herencia, depende en gran medida del estilo de vida que elijas. Mi padre tiene ciertos hábitos y costumbres que tienen que ver mucho con lo que te diré a continuación.

Nuestro cuerpo tiene lo que los científicos denominan *reserva funcional,* significa que puede funcionar bien hasta una edad avanzada. Como lo habrás comprobado, una persona activa de 60 años puede estar en mejor forma, por dentro y por fuera, que una persona floja o sedentaria de 30, que adicionalmente bebe, consume comida rápida o procesada, no duerme bien y hace del estrés un estilo de vida.

En mi programa de radio entrevisté a Catalina Hoffman, una mujer que en España abrió veinte centros de atención geriátrica especializada, además uno en São Paulo, Brasil, otro en la Ciudad de México y uno más en Guadalajara, donde se le brinda atención integral al adulto mayor con acciones certeras para desarrollar todo su potencial. Por cierto, se le llama adulto mayor a quien haya tenido la gran bendición de superar los 65 años.

Me decía que cada día hay más personas longevas en el mundo, en gran medida debido a los descubrimientos médicos que ayudan a preservar la vida de personas con enfermedades crónicas, pues quienes antes las padecían no tenían los grandes beneficios que la medicina actual ha desarrollado; además de aquellos que han decidido modificar hábitos alimentarios para vivir más y con mejor calidad.

> * ¿Sabías que después de los 40 años nos encogemos cerca de un centímetro por década debido a la pérdida ósea?, y la medida podría ser mayor en mujeres posmenopáusicas.
> * ¿Sabías que a los 75 años podríamos tener la mitad de la musculatura que teníamos a los 25?

Sé que esto estremece a cualquiera, pero la gran noticia que a todos debería de motivarnos a la acción es que los huesos y los músculos están constituidos por células que se desgastan y reconstruyen a lo largo de nuestra vida. A medida que pasan los años el desgaste se acelera y perdemos masa ósea y muscular, pero *sí* es posible retardar este proceso. ¿Sabes cómo? Con la actividad física; con el ejercicio que realizamos en forma constante y agregando fuerza o resistencia como las pesas o cualquier otra actividad que exija a los huesos y músculos regeneración. Si a todo lo anterior agregamos ciertos hábitos que te comparto a continuación, te puedo asegurar que mejorarás el pronóstico de calidad de vida y te verás muy diferente, pero para bien.

I. ¿QUÉ COMES QUE TE VES TAN AMOLADO?

No invento, simplemente voltea a tu alrededor y analiza a quienes se ven muy *traqueteados.* Cuerpos hinchados, canas prematuras, abdómenes voluminosos, piel muy dañada sin enfermedad aparente.

Nos enganchamos a comer lo que todo mundo come, precisamente porque como todos lo hacen, ¿por qué yo no? Las justificaciones sobran, como la que me decía un amigo: "César, por supuesto que si fuera algo malo no se vendería tanto."

¿Cuántas mentiras de productos mágicos se ofrecen en televisión? ¿Cuánto alimento chatarra se convierte en adictivo por estimular ciertas zonas de nuestra lengua y cerebro?

No analizamos la información nutrimental que incluye la cantidad de grasas trans y la gran cantidad de calorías que muchas veces no tomamos en cuenta y luego vemos las consecuencias, ya que los cuerpos no mienten.

¿En serio se regula la venta indiscriminada de alimentos dañinos? ¡Por supuesto que no! Sin embargo, el comercio nos ofrece también la opción de alimentos saludables, orgánicos, claro, más caros; libres de colorantes, sin gluten, bajos en calorías y demás que consumen quienes conocen sus beneficios y también, obvio, quienes tienen los recursos para adquirirlos.

Es de todos conocido que los refrescos contienen una gran cantidad de endulzante que, de tanto consumirlos, el cuerpo no sabe qué hacer con esas dosis impresionantes de azúcar que nuestros antepasados jamás pensaron ingerir. El páncreas produce insulina a raudales hasta que el azúcar supera la producción y entonces, ¿qué sucede? El páncreas deja de producirla. La lamentación se hace presente por la aparición de diabetes: "¿Por qué yo? ¿Por qué a mí?" O peor, cuando se trata de un hijo: "¿Por qué mi hijo o hija? ¡No es justo, Dios!" Lo que muchas madres y padres de familia desconocen es que fuimos nosotros quienes provocamos ese desorden alimentario por no decir un rotundo y necesario ¡no! Por no pregonar con el ejemplo al comer alimentos saludables no sólo por el bienestar personal, sino por el efecto cascada o imitación que sabemos bien realizan nuestros hijos.

Imagina que esta información llegara tan fuerte a tu conciencia que tomaras la decisión de que a partir de hoy incluirás productos naturales, no procesados, como pescados, frutos principalmente rojos, nueces, té verde y verduras, ricos en antioxidantes, que te ayudarán a disminuir los radicales libres que aceleran el envejecimiento, ya que dichos radicales provienen de la descomposición de comida que no es de beneficio para el organismo.

Te aseguro que en forma inmediata el ph (la medida de la alcalinidad o la acidez de nuestro organismo y que es la raíz de nuestros problemas) se neutralizaría y evitaría que envejezcas prematuramente, o si ya eres de *cierta edad* que mejore notablemente tu calidad de vida.

El ingeniero Misael de la Rosa Fuentes, otro invitado a mi programa de radio *Por el placer de vivir*, químico y conferencista en temas relacionados con el ph y la dieta alcalina, imparte charlas en escuelas, universidades y empresas buscando hacer conciencia de la importancia que tiene analizar el ph de nuestro organismo, el cual puede ser verificado a través de la saliva, sangre u orina. El ingeniero Misael aparenta 50 años, no más; y como el tema era precisamente sobre el envejecimiento prematuro, ya podrás imaginar cuál fue mi primer cuestionamiento:

"¿Qué edad tiene usted, ingeniero?", pregunta intencional para verificar si de verdad la dieta alcalina puede ayudar a verse mejor.

Su respuesta fue: "¿Qué edad me calcula?"

Al decirle que 50 años como máximo, soltó una carcajada y me dijo: "Pues no. Tengo 64 años."

¡Catorce años más de los que aparenta! Y mira que no soy el único que se equivocó, ya que los operadores de audio y mis asistentes calcularon todavía menos edad de la que en realidad tiene.

Con base en lo anterior, de inmediato accedí a poner mi atención al cien por ciento e intentar aplicar lo que ahí se iba a mencionar.

En menos de un minuto, al mojar levemente con mi saliva una tira o papel indicador, me dijo que mi ph estaba un poco ácido, 7.0. Lo normal es 7.4 y por debajo de esa cifra se puede considerar que es más ácido y por encima de la misma, más alcalino.

¿Por qué no nos enseñaron esto antes? Desde 1934 se descubrió la importancia del ph para que las células de todo el cuerpo estén saludables y por lo tanto realicen mejor sus funciones y eviten el envejecimiento prematuro.

El entrevistado me dijo que son cinco los factores que hacen que la sangre tenga un nivel de alcalinidad alrededor de los 7.4 (que es lo ideal):

1. Una dieta alcalina promueve la exclusión de alimentos ácidos. Tristemente podrían haberse evitado los estragos de múltiples enfermedades o padecimientos crónicos degenerativos si desde hace años hubiéramos modificado los hábitos alimentarios. Las frutas y las verduras son los pilares básicos de la dieta alcalina: las espinacas crudas, el brócoli, el pepino, las papas, la col de Bruselas, las castañas y las almendras son elementos que deben formar parte de esta dieta.

2. Un producto que merece mención aparte es el limón, que al tener un ph de 3.5 y ser fuente de vitamina C, está considerado como un gran alcalinizante y por ello se recomienda incorporarlo en forma habitual a la dieta. De preferencia en la mañana, en ayunas, el jugo de dos o tres limones.

3. Evitar los azúcares, los endulzantes o edulcorantes artificiales, harina blanca, frutas en conserva (por el azúcar que muchas veces se agrega), cereales endulzados, sal de mesa (es preferible consumir la sal de mar), refrescos o gaseosas, cervezas y café en exceso. Obviamente es la comida que para muchos mejor nos sabe y más disfrutamos.

   No se trata de satanizar este tipo de alimentos y bebidas, pero sí tomarlos con moderación y no basar la dieta diaria en el consumo de estos productos.

César Lozano

4. Como recomendación adicional y sumamente importante, aparece la palabra que marca esa gran diferencia entre la salud y la enfermedad: ejercicio. Tan mencionado y tan poco realizado, es de nuevo uno de los factores que pueden ayudar enormemente para que la sangre esté en el ph aceptable, ya que las células se oxigenan mejor y se eliminan toxinas que purifican la sangre.

5. Y por increíble que parezca, el estrés, la ira, la ansiedad y el resentimiento desempeñan un papel fundamental en el balance del ph sanguíneo. Si te estresas constantemente o padeces esas emociones mencionadas, se secretan sustancias nocivas para la salud que alteran el balance de la sangre. Ahora entiendo por qué quienes hacen de la ira un hábito tienen más predisposición a verse más acabados que quienes controlan sus emociones.

Estoy seguro de que mucho de lo descrito ya lo sabíamos, pero nos resistimos a aplicarlo y más nos resistimos a modificar hábitos en forma permanente y nos enganchamos a comer lo que todo el mundo come. Creemos que es natural porque lo anuncian en la televisión con modelos con cuerpos esculturales de muy buen ver y me imagino, de mejor tocar. ¿Qué tanto es tantito? Pero los tantitos son diarios, como es el consumo del alimento chatarra.

Obvio, hay gente que vive de eso; tanto de la basura que se convierte en tal, como de los alimentos que en forma indiscriminada se distribuyen causando algo muy conocido por todos: México, primer lugar en obesidad infantil y nada honorable segundo lugar en obesidad mundial, aunque probablemente para cuando leas este libro ya estaremos en el primer lugar de obesidad, ya que muchos de los esfuerzos por hacer conciencia para comer saludablemente no los escuchamos o no los entendemos; si supiéramos que tanto carbohidrato y grasas saturadas dañan paulatinamente al único cuerpo que tenemos la pensaríamos y valoraríamos mejor, pero no es así hasta que enfermamos.

II. ¿QUÉ TIPO DE PENSAMIENTOS TIENES QUE TE VAS DETERIORANDO?

¿Por qué pensamientos? Si analizáramos la calidad de los pensamientos que la gran mayoría de la gente genera minuto a minuto, nos daríamos cuenta de que tienen que ver con la poca esperanza, el enfoque negativo, lo mal que obran los demás y lo poco considerada que es la gente. Este enfoque puede ser tan negativo que se convierte en hechos reales igualmente negativos. La tendencia de atraer lo que más pensamos y lo que más sentimos siempre está latente. Así, nos llenamos de pensamientos chatarra que no nos benefician en nada y sí nos perjudican haciendo cambios drásticos en nuestras emociones y en la forma en la que nos relacionamos con los demás. Un pensamiento dominante termina por cambiar la forma de ser de cualquier persona, para bien o para mal y aunado a una alimentación chatarra se convierte en lo mismo.

La neurociencia afirma la importancia de modificar la calidad de los pensamientos que tenemos. Entre más pensemos en negativo y de forma fatalista más fomentaremos la producción de sustancias en las terminaciones nerviosas que dañen al organismo, y dichas sustancias pueden convertirse irónicamente en adictivas, lo cual nos hace *adictos al sufrimiento,* a diferencia de lo que secretamos cuando pensamos en positivo, puesto que se producen sustancias que ayudan al bienestar físico.

El pensamiento se transforma en emoción debido a la neuroquímica y a ciertas hormonas y cuando este pensamiento es negativo puede convertirse en malestar y enfermedades.

Recordé el alfabeto emocional del doctor Juan Hitzig, médico y profesor de Biogerontología de la Universidad de Maimónides, en Buenos Aires, Argentina, y autor de varios libros sobre cómo envejecer llenando de vida los años. Él promueve que vivir con las palabras que comiencen con *S: serenidad, silencio, sabiduría, sexo, sonrisa, sociabilidad;* son generadoras de **serotonina** que produce tranquilidad, mejora la calidad de vida, aleja la enfermedad y retarda el envejecimiento celular. Y evitar todas las conductas que empiezan con la letra *R: resentimiento, rabia, reproche, rencor, rechazo, resistencia, represión,* ya que son generadoras de **cortisol,** una potente hormona del estrés cuya presencia prolongada en sangre, es letal para las células y aumenta el riesgo de adquirir enfermedades cardiacas y cerebrovasculares.

Es fundamental ejercitar la mente y como bien lo dice el doctor Hitzig:

> *"El cerebro es una parte del organismo fácil de engañar, si sonríes cree que estás contento y te hace sentir mejor."*

No sólo es fundamental reaprender para tener pensamientos positivos, sino también para activar la mente constantemente y evitar los estragos del tiempo. No es suficiente realizar crucigramas, ajedrez u otros pasatiempos, como se creía antes, sino también realizar nuevas actividades o adquirir nuevos conocimientos. Lo ideal es aprender algo nuevo cada día para realizar más conexiones neuronales.

No es sano convertirse en un archivo de agravios, reclamos y diversos motivos para llenarse de resentimiento. Esto deteriora al cuerpo y espanta la felicidad.

Tener siempre cosas qué hacer y sueños por cumplir. Vivir intensamente cada momento pero siempre planeando y deseando realizar nuevas acciones. Eso lo aprendí de mi padre. Siempre está pensando qué cosas nuevas le faltan por realizar, lo que lo mantiene con la expectativa de lograrlo. Pensar en el futuro pero siempre con optimismo.

Imposible evitar la pérdida de energía fruto de nuestra actividad. Sin embargo, hay tres acciones que si no controlamos de forma adecuada se convierten en fugas de energía que necesitamos para vivir en armonía:

* ***Pensamientos desgastantes.*** Todas esas ideas que no tienen fundamento o que engrandecemos sin ton ni son. Preocupaciones constantes sobre situaciones en las que no tenemos ningún tipo de control, tanto por el pasado como por el futuro, lo cual irremediablemente causa estrés. Por cierto, me encantó la definición de estrés que me compartieron hace unos días: ***evasión del aquí y del ahora.*** Deseas estar en otro lugar cuando estás aquí en este momento.

Como lo he mencionado, enorme desgaste produce recordar una y otra vez todos los agravios, ofensas inmerecidas y personas que no tuvieron la mínima consideración contigo. Y desafortunadamente no solucionan los problemas y sí provocan inestabilidad física y emocional. Ni la gente ni la vida es justa y es mejor aceptarlo para evitar más sufrimiento. Te recuerdo, los pensamientos siempre provocan sentimientos y nuestro gran reto es controlar el libre tránsito de pensamientos desgastantes e incapacitantes.

* ***Poca organización.*** Esa pésima costumbre de no poner orden en nuestra vida. Vivimos haciendo, creando, moviendo, quitando pero no siempre con el orden y la organización que cada cosa o situación requiere. Si te pusieras a analizar todo lo que haces en un día, te darías cuenta de que muchas de esas actividades hubieran consumido menos tiempo y desgaste si las hubieras organizado de forma adecuada. Nos olvidamos de cosas simples como el lugar donde dejamos las llaves, el celular, la agenda;

olvidamos organizar los medicamentos para cualquier contingencia, rara vez nos preocupamos por mantener la ropa en orden para evitar demoras cada mañana. Vamos al centro comercial sin una lista de lo que necesitamos y confiamos en que la mente no nos traicionará y olvidamos algunos de los artículos que necesitábamos. Todo lo anterior representa pérdida de energía que vamos acumulando a lo largo del día y a través de los años, y su significado será siempre el mismo: ***menor calidad y menor tiempo de vida.***

* *Gente.* Las *broncas* más grandes y desgastantes a las que nos enfrentamos a nivel personal y laboral son con las personas que no comulgan con nuestras ideas, costumbres y valores. Desafortunadamente siempre estarán presentes a lo largo de nuestra vida y no podemos evitarlas. En algunos casos existirá la posibilidad o la necesidad de prescindir de quienes nos desgastan mucho, pero no siempre es así, y la alternativa es controlar nuestras reacciones y evitar engancharnos. No puedes permitir que tu vida gire al cien por ciento en torno a quien te quita tu preciada energía.

Mención aparte merecen unos seres a los que les he llamado *chatarra*. ¿Por qué seres *chatarra?* Disculpa la forma tan despectiva para referirme a quienes les gusta e incluso disfrutan haciendo el mal directa o indirectamente. Gente malintencionada que lo único que desea es beneficiarse de otros, sin aportar nada. Gente sin escrúpulos que tranza, roba, humilla, menosprecia y denigra a los demás sin ningún tipo de remordimiento. Seres a los que la vida ha tratado muy mal, pero que sin justificación descargan todo su resentimiento en quienes no tienen la culpa. Padres y madres sin sentimientos que golpean con sus palabras o físicamente a los niños indefensos, haciendo una cadena de dolor que todos pagamos al ver tanta violencia en nuestro México. Seres chatarra que dañan poco a poco a seres indefensos que confían en ellos y que se van infiltrando en los sentimientos y en las emociones de los demás causando daños permanentes que se heredan de generación en generación.

Gran daño causa un padre neurótico, agresivo, impositivo y poco sensible a su pareja que por miedo, comodidad o indiferencia, no se separa de quien a leguas se nota que daña a sus hijos.

No con esto quiero afirmar que todos los que tuvieron contacto con gente así irremediablemente imitarán el patrón de conducta, pero sí puedo decir que influye de alguna manera.

Por supuesto que representa todo un reto no engancharte emocionalmente y en forma negativa a gente así. Espero que recuerdes en esos momentos de desesperación mi siguiente frase matona:

> **Desear el mal es la máxima fuga de energía, prosperidad y tranquilidad. No te enganches y que fluyan quienes no valen la pena.**

LA ACTITUD Y LAS ENFERMEDADES

Por supuesto, nadie sabe cuándo se cerrará el telón de esta buena o mala actuación que tenemos temporalmente, llamada vida. Y es mejor no saberlo, porque si lo supiéramos terminaría antes por el miedo a conocer tan impactante verdad. Morir debería de ser considerado como lo que es, un paso natural que vamos a dar y cuyo temor radica en la forma y el desconocimiento de lo que hay durante y después.

Cada día son más los que se ensañan en acelerar la llegada de este acontecimiento y se privan de disfrutar este maravilloso tesoro que es vivir, por los pésimos hábitos que tienen, incluyendo la actitud negativa. Te digo lo anterior por las impactantes publicaciones que ha compartido en uno de sus libros el doctor Joe Dispenza, un ícono del revolucionario campo de la neurociencia. Es quiropráctico, bioquímico y profesor de la Universidad de Atlanta.

El doctor Dispenza empezó a estudiar el funcionamiento de la mente humana cuando, tras lesionarse varias vértebras en un terrible accidente que por poco le cuesta la vida, volvió a caminar ante todo pronóstico sin someterse a ningún tipo de cirugía.

En su libro *El placebo eres tú,* comparte investigaciones que me han motivado a seguir en mi lucha diaria de modificar mi actitud y ser más positivo para incrementar mi esperanza de vida.

Si aceptas que tienes una actitud negativa y el optimismo no es algo que vaya contigo, te aseguro que los estudios que a continuación te comparto podrán ayudarte a tomar la determinación de modificar tu actitud y sobre todo buscar técnicas para logarlo, ya que no es un remedio mágico y la constancia es básica.

La Clínica Mayo publicó en 2002 el estudio de un seguimiento realizado a 447 sujetos a largo de 30 años, revelando que las personas optimistas estaban más sanas física y mentalmente. *Optimista* significa *mejor,* lo que quiere decir que estas personas tenían una visión y perspectiva mejor en lo relacionado con el futuro. Gozaban de mayor energía, se sentían más contentas, tranquilas y serenas, así como también gozaban de las actividades sociales.

Recientemente esta clínica concluyó otro estudio realizado durante 30 años en 800 personas; reveló que quienes habían sido más optimistas, habían vivido más años que los pesimistas.

Los investigadores de la Universidad de Yale también hicieron un seguimiento a 660 personas de 50 años y más, durante 23 años. Descubrieron que quienes tenían una actitud positiva sobre el envejecimiento *vivían siete años más* que los que lo afrontaban con actitud negativa. La actitud influía más en la longevidad que situaciones de salud tan importantes como la presión arterial, los niveles altos de colesterol, el tabaquismo, el sobrepeso o la poca actividad física. Impactante, ¿no?

Otros estudios han analizado la relación entre la salud del corazón y la actitud. Aproximadamente en la misma época, un estudio de la Universidad de Duke sobre 866 personas con problemas cardiovasculares, develó la importancia de sentir durante el día emociones y actos positivos como la risa, la bondad o la euforia por razones reales o imaginarias, ya que eso les daba un 20 por ciento más posibilidades de seguir vivos al cabo de once años que quienes experimentaban más emociones negativas. Igual de asombrosos fueron los resultados de un estudio sobre 255 estudiantes de la Facultad de Medicina de Georgia a los que se les realizó un seguimiento durante 25 años. Los más hostiles tenían cinco veces más posibilidades de sufrir enfermedades del corazón.

Y para concluir con estos estudios que pueden motivar en ti un cambio radical de actitud, te comparto el realizado por la Universidad Johns Hopkins, presentado en las sesiones científicas del 2001 de la Asociación Americana del Corazón, en el cual se revela que una actitud positiva constituye la mejor protección conocida contra las enfermedades cardiacas en los adultos con riesgo por antecedentes de familiares que las padecieron. Este estudio sugiere que adoptar la actitud adecuada funciona igual de bien o mejor, incluso, que seguir una dieta saludable, hacer ejercicio y mantener un peso ideal.

Con base en lo anterior y mientras viva seguiré promoviendo un cambio de actitud. ¡Basta de seguir haciendo trascendente lo intrascendente! Debemos recordar en los momentos de crisis que todo pasa y que no puedo darle tanta importancia a acontecimientos que al paso del tiempo no van a significar absolutamente nada, pero sí un deterioro lento y significativo en mi estado de salud, en la calidad y cantidad de vida.

Decido hoy ser más alegre, buscar lo bueno y lo mejor en lo que me suceda. Hoy evito caer en la tentación de hacer suposiciones basadas en que mi presente y mi futuro serán igual que el doloroso pasado. Basta de aceptar ser uno más de los que ven con pesimismo el futuro porque la historia, mis pensamientos y la gente que me rodea me hacen suponer que así será.

Tener actitud positiva es un maravilloso hábito que puedo fomentar desde este momento, agradeciendo y apreciando. Buscando lo bueno en lo malo, modificando la calidad de pensamientos que permito en mi mente. Hoy decido no dedicar tiempo al futurismo negativo y sustituir estos pensamientos por todo lo bueno y lo mejor que, estoy seguro, está destinado para mí. La sensación que se produce es totalmente diferente y la fe puede ocasionar que lo que creo imposible se haga realidad. Y si no fue así, mínimo que no amargue mi presente y modifique la calidad de mi vida.

EL MUNDO DE LOS EXCESOS

"Los excesos son los que matan", decía don Luis, mi abuelo. Un hombre alto y fuerte que tuvo una larga vida y que amaba el trabajo pero con exceso, lo cual cobró su factura en los años finales de su vida.

"Ni tanto que queme al santo, ni tanto que no lo alumbre", dicho popular que también tiene cierta relación con la costumbre de exagerar en el esfuerzo por lograr algo.

> **Claro que el trabajo dignifica, pero en exceso causa ansiedad y estrés, y trae consigo consecuencias, como una gran probabilidad de infartos o embolias y, por supuesto, el envejecimiento prematuro.**

El ejercicio es saludable, pero en exceso es dañino y hasta contraproducente. Hace poco en mi programa de radio entrevisté a una mujer a quien desde niña le apasiona el ejercicio, a tal grado, que a sus 45 años ha competido en múltiples triatlones y maratones nacionales e internacionales poniendo muy en alto el nombre de México.

Cuando la conocí me sorprendió su delgadez, constituida sólo de músculo, además de su vitalidad; pero también la gran diferencia que manifiesta entre la edad cronológica con la edad que aparentaba. Sinceramente, y ella misma me lo dijo, se ve mayor de la edad que tiene, no solamente a consecuencia del sol excesivo al que se ha expuesto toda su vida, sino por el exceso de trabajo de su cuerpo por el ejercicio, exagerado a mi parecer.

El cuerpo es como una máquina que tiende también a resentir el sobreesfuerzo. Claro que quienes detestan ejercitarse por flojera o desidia sentirán en estos momentos un falso consuelo para seguir con hábitos sedentarios y evitar ese desgaste en su cuerpecito: "¡Por eso mejor no hago ejercicio!"

Recordé a otra persona que conocí hace años también en mi programa de radio, quien fue a compartir los grandes beneficios de comer de forma saludable, enfatizando en no comer ningún tipo de animal, lo cual es muy respetable. Su interés era compartir los grandes beneficios de llevar una alimentación basada en frutas, vegetales y semillas para vivir saludablemente y por muchos años.

Igual que en el otro caso, su edad cronológica no era la misma a la que aparentaba, aunada a un color amarillento e incluso grisáceo de su piel.

Para mí no demostró vitalidad ni energía en su forma de caminar o charlar, sino todo lo contrario. Entendí el mensaje de que todo exceso es malo y no siempre lo que funciona a un organismo le funcionará de la misma manera a otros. Todos somos diferentes y tenemos antecedentes y genes distintos y, por ende, no reaccionamos igual con lo que en otros funciona excelentemente.

César Lozano

Hace años leí un proverbio chino que he intentado poner en práctica desde entonces:

> *No comas todo lo que puedas, no gastes todo lo que tienes, no creas todo lo que oigas y no digas todo lo que sabes.*

Sin duda, un proverbio muy *ad hoc* para evitar muchas calamidades a las que nos sometemos durante la vida.

Comer es uno de los grandes placeres de la existencia. Y, basado en eso, los excesos pueden hacerse presentes, con las recomendaciones de comer ahora que podemos, porque a lo mejor no será posible disfrutarlo después.

"Prefiero ser un gordito feliz que un flaco hambreado", me dijo en una ocasión un amigo, al negarme a aceptar un postre que se veía delicioso y que fue del agrado de todos los que lo probaron, pero para mí ya era un exceso. Comer todo lo que puedas es el inicio de la obesidad que tantas secuelas causa y que muchos no sabemos, o no queremos ver, por satisfacer una necesidad natural, caemos en el exceso que transforma nuestro cuerpo y destruye nuestro interior.

Recientemente falleció quien fuera considerado el hombre más gordo del mundo, según el Record Guiness en 2007, Manuel Uribe Garza, de 48 años, quien vivía en mi querido Nuevo León y llegó a pesar 597 kg. Durante muchos años ya no pudo valerse por sí mismo y adaptó su recámara en la cochera de su casa para poner su cama en una rampa de camión y de esta forma salir cuando fuera necesario. Se sentía prisionero en su propio cuerpo.

En una entrevista realizada para Nat Geo, decía que se lamentaba haber comido tanto y no haber puesto un límite cuando su familia se lo suplicaba. Por supuesto es un problema más complejo, ya que la relación entre la comida y las emociones está comprobadísima. Además de los factores hereditarios.

No nos gusta batallar, buscamos de una u otra forma la manera de lograr lo que deseamos con el mínimo esfuerzo. Claro que lo bueno cuesta, pero tampoco es recomendable estar transmitiendo ese mensaje a nuestros hijos porque infundimos en ellos, sin querer, lo mucho que tendrán que luchar o sacrificarse para logar algo bueno, y olvidamos agregar que la constancia, la disciplina y el trabajo siempre dignifican, fortalecen y, de manera balanceada, nos dan felicidad.

Hay hábitos o costumbres que te destruyen poco a poco y de forma tan sutil que para cuando haces conciencia, ya hicieron estragos en ti de una forma a veces irremediable. Por eso insisto en eliminar este hábito de comer sin medida, tanto en cantidad como en calidad, olvidando fomentar la saciedad antes de que el cuerpo te diga que fue suficiente lo que comiste y, para colmo de males, dándole lo que sea sin pensar si de verdad te beneficia. El cuerpo es sabio para reaccionar cuando algo no fue de su agrado o no lo tolera, ya que de inmediato te da señales. Pero no las vemos o, mejor dicho, no las queremos ver: malestar después de comer, agruras, exceso de eructos o gases, distención abdominal, náuseas, diarrea o debilidad general después de comer...

Hace unos días estaba viendo el bombardeo de comerciales que de un tiempo a acá nos ataca en todos los canales de televisión mexicanos, con un sinfín de productos para mejorar la salud. De entre tantos, conté más de diez que tienen que ver con reacciones del cuerpo ante lo que le damos o hacemos.

"Si tomas X medicamento, olvídate de la gastritis y la acidez que te producen los tacos, el pozole o el menudo." Y el mensaje termina con algo así: "Disfruta el placer de comer, ¡toma X!" ¿De comer qué?

Obvio, es mercadotecnia y es un negocio —muy redituable, por cierto— y la prueba son los miles de millones de pesos que invierten en anunciarse a todas horas y en los horarios estelares, pues quienes lo producen saben que gran porcentaje de la población no sabe –ni quiere– medir lo que come y mucho menos analizar el daño de consumir comida alta en grasas y carbohidratos. Simplemente te invitan a comer lo que quieras y al final, para evitar todas las señales del cuerpo que te grita que no le des esa comida que tanto aborrece, te tomas algo que lo neutralice y ¡se acabó! Te conviertes en uno más de los millones de mexicanos con problemas crónicos de salud por el sobrepeso u obesidad.

Lo práctico, lo fácil, lo que menos esfuerzo nos cause es lo que más vende. Lo vemos en el hábito del sedentarismo o ausencia de ejercicio que cada día es mayor, y buscamos la forma más cómoda y sin esfuerzo de vernos mejor con numerosos artículos que prometen darte el cuerpo que siempre has deseado sin esfuerzo, con cinco minutos al día y por una *módica cantidad,* que puedes pagar a seis meses sin intereses. Los modelos que te presentan no son como tú, pues ellos tienen cuerpos y músculos que sólo el ejercicio y la disciplina constante pueden darte, o bien el bisturí de un excelente cirujano plástico, al cual pueden pagarle.

Por cierto, un gran porcentaje de quienes se someten a tratamientos de lipoescultura mejoran su apariencia, pero continúan consumiendo alimentos altos en calorías y grasas sin ejercitarse y vuelven a aumentar el peso perdido y más.

Podría enumerar otros hábitos como el mal carácter, la desorganización, la pereza, la apatía, el consumo de drogas lícitas o ilícitas, el conformismo y otros más que poco a poco cambian nuestro destino para mal.

No gastes todo lo que tienes, dice el proverbio chino. Es aplicable a quienes no pueden limitarse en el uso de las tarjetas de crédito. "¡Compre ahora y pague después!" Una invitación atractiva en la que miles de personas sucumben, olvidando que ese *después* irremediablemente llega.

El exceso contrario también cobra sus consecuencias. Es mucha la gente que tiene tanto y lleva una vida de pobreza o miseria para evitar gastar su valioso dinero.

No creas todo lo que oigas, ni digas todo lo que sabes. Imagínate el gran beneficio que tendríamos en este momento al aplicar esta parte del proverbio. Evitaríamos el gran derroche de energía que representa engancharnos a escuchar y aceptar lo que gente sin quehacer dice de ti, de mí y de todos por decisiones o acciones pasadas, presentes y futuras. Seríamos más selectivos al aceptar lo que escuchamos y al decir lo que sabemos, y la prudencia se haría presente. ¿Vale la pena engancharte?

VIEJOSOS

Utilizo este término para definir a ciertas personas que veo con frecuencia y que me siguen asombrando por la actitud que tienen durante su diario vivir. Hombres y mujeres que independientemente de su edad, aparentan más por la actitud que manifiestan. Para ser más claro en esto te describo los rasgos que los caracterizan:

* Empiezan a hablar y caminar como personas mucho mayores de la edad que tienen, sin que haya ningún defecto físico que se los provoque. Se encorvan al caminar, al sentarse y son el típico caso de adultos a los que en su adolescencia o juventud su madre se desvivía suplicándoles o incluso gritándoles:

  – *¡Enderézate, Jorge!*

  – *¡Mira cómo caminas!*

  – *¡No puede ser que te sientes así todo jorobado!*

  – *¡Espalda erguida!*

* Son quienes al hablar tienden a bajar las comisuras bucales (los extremos de los labios) a tal grado que no lo hacen en forma consciente. Lo repiten de manera constante hasta que este gesto se convierte en un hábito lamentable. Para cuando se acuerdan, hablan con la boca hacia abajo hasta cuando están felices. Reitero, no tiene nada que ver con algún padecimiento o enfermedad. Por costumbre o por maña empiezan a hablar así porque la queja es una costumbre muy arraigada y comúnmente cuando nos quejamos las comisuras bucales van hacia abajo.
* Hablando de quejas, su diálogo está lleno de ellas. Hablan y hablan pero de lo mal que los trata la vida, de lo mal que está el mundo y de lo peor que viene en el futuro. Y, por lo tanto, la esperanza no es algo que se les dé.

Recordé a mi amigo Eduardo, que se enferma muy seguido. Cuando no es una cosa, es otra, pero siempre está enfermo de algo.

Al preguntarle: "¿Cómo estás?" Contesta: "Malito. Fíjate que me salieron divertículos en el intestino y dice *mi* gastroenterólogo que no puedo comer grasas, irritantes ni tampoco comida picante. *Mi* alergólogo dice que no son divertículos, que es una alergia al gluten y a los lácteos. Me dio unas pastillas buenísimas, pero sigo malito. Si recuerdas, toda la vida he comido eso, sólo cuando me intoxiqué hace un par de años lo dejé, porque *mi* endocrinólogo de toda la vida me dio un medicamento para la inflamación de la próstata, la cual por cierto sigue inflamada... qué bueno que me acordaste, voy a verlo mañana para que me haga la exploración rectal con el dedo." Qué explícito mi amigo, por cierto. *¡Eso es ser viejoso de alto nivel!*

La queja es parte de su repertorio natural y como la palabra tiene poder, ya te podrás imaginar la repercusión que tendrá.

La mente y la palabra son como el genio de la lámpara maravillosa. Lo que digas, ¡te lo concede!

* Permiten que el tiempo haga de las suyas. Teniendo la forma de invertir un poco en su imagen, lo dejan en segundo plano olvidando que es su carta de presentación ante los demás. Todos dejados, desaliñados. No se cuidan, jamás han aceptado la recomendación de utilizar cremas con filtro solar.

  –*¿Para qué? ¡Eso no sirve para nada!*

  Y mucho menos cremas humectantes o limpiadoras.

  – *Con jabón basta y del que sea, al cabo*
     todos son iguales.

  Y su cara, toda amolada, con signos de envejecimiento prematuro.

  A los primeros indicios de pérdida de cabello, se escudan diciendo que es por herencia y, pues, ¿qué se le va hacer? No utilizan un champú especial, ni mucho menos ven a un especialista que pueda frenar el problema.

* Pierden la maravillosa capacidad de asombro. Esa capacidad de disfrutar las cosas de la vida, pues para todo encuentran un "pero".

  "¿Por qué te asombras tanto al ver la luna? ¿Qué no la habías visto?", me dijo en una ocasión un amigo *viejoso*. No ven los atardeceres porque se les olvidaron los lentes de sol, y al cabo ya han visto muchos.

  No se meten al río porque puede haber animales y mucho menos al mar porque les dijeron que en una ocasión, hace 23 años, había muchas *agua malas* y por eso, mejor no.

¡Qué esperanzas que jueguen con sus hijos! Se lastiman y además son muy toscos para jugar. *"Jueguen ustedes, yo aquí me quedo sentadito en la mecedora… además me duelen las rodillas… ¿qué será? A lo mejor es porque ya cumplí 40 años".* ¡Cuarenta! ¡Apenas está saliendo del cascarón! ¿O no?

Reitero la admiración que siento por mi papá:

> **Antonio:**
> *¡Cuánto agradezco tu capacidad de asombro! ¡Cómo me ha servido ver que a tus 85 años te sigues emocionando por un viaje a un lugar al que has ido más de 30 veces!*

Sigues fotografiando puertas viejas, maltratadas por el tiempo, pero con tu creatividad, les das vida y las conviertes en verdaderas obras de arte a través del lente.

Te detienes una y otra vez a ver atardeceres y te levantas muy temprano para ver qué colores tendrá el amanecer en esa playa, la cual, por cierto, conoces muy bien.

Cuentas las mismas historias que tanto te divirtieron y marcaron para bien tu vida, pero cada vez que lo haces, les imprimes el entusiasmo y la alegría del momento, y lo revives con esa pasión al platicar.

¡Lo que menos tienes es ser *viejoso!* Deseo que cada año que Dios te concede de vida sigas asombrándote de lo grande que son las cosas cotidianas y lo grandiosos que son los pequeños detalles.

¡Te quiero papá!

CAPÍTULO 21

Enganchado al cansancio crónico
¿Malhumorado o mal dormido?

— *No te desveles, porque mañana quiero que andes bien.*
— *¿Qué? ¿Cuándo? ¡Yo jamás me pongo de mal humor cuando estoy desvelado!*

¿Y qué sucede? ¡Anda de mírame y no me toques! Con un genio insoportable, producto de la baja energía y el cansancio acumulado.

Reconozcámoslo, no todos tenemos la capacidad de desvelarnos y mucho menos tener muy buen carácter después de una noche de diversión y sobre todo, después de no dormir mínimo cinco horas.

Imaginemos por un momento el desencanto de muchos recién casados que tienen su primer pleito como marido y mujer por esta misma razón, o los *amigos* que se llevan al novio una noche antes de la boda a la precelebración y se pone *hasta atrás* y así celebra su matrimonio, todo desvelado, malhumorado y, para colmo, demacrado.

> **Dormir bien elimina el estrés y beneficia la facultad de aprender y memorizar.**

Desde que llegamos a este mundo y hasta el final de nuestra existencia, dormimos un tercio de lo que dura nuestra vida; bueno, eso debería de ser lo ideal, pero como bien sabemos no es así.

¿Sabías que un bebé necesita dormir dieciséis horas al día? ¿Qué los adolescentes necesitan dormir nueve horas diarias y los adultos de siete a ocho horas?

¡Nueve horas diarias los adolescentes! Con la influencia del celular, el Facebook y los videojuegos ¿lo crees posible? Lidiar con los cambios hormonales que durante esa etapa padecen, que les cambia radicalmente su forma de ser, muchas veces para mal, y ahora agregar el conflicto del mal dormir, pues ya sabrás que todo se convierte en una verdadera bomba de tiempo.

Hay jóvenes y adultos que afirman que se sienten muy bien con sólo cinco horas diarias de sueño, pero el problema radica en que muchos de ellos no se dan cuenta de que quienes duermen esas horas, o menos, tienen el gran riesgo de no estar enfocados en lo que deben y tienen problemas en las actividades que realizan, incluyendo accidentes lamentables que pudieron evitarse si no se hubieran enganchado a prolongados períodos de desvelos injustificados.

Las estadísticas en relación con el mal dormir son escalofriantes: ¡63 por ciento de las personas no duerme lo suficiente! Más de la mitad de la gente que nos rodea no duerme de forma adecuada y, por lo tanto, son de alto riesgo por el pésimo carácter que pueden tener y sus subsecuentes repercusiones en quienes buscamos la armonía y la paz; y en el peor de los casos, son de alto riesgo por la poca concentración que tienen y la cantidad de accidentes que pueden ocasionar.

Aunque los beneficios del sueño siguen estudiándose, las investigaciones han comprobado que no dormir lo suficiente puede perjudicar el sistema inmunológico o aparato de defensa de nuestro organismo; afecta al sistema nervioso, altera la coordinación física, además del carácter y la concentración. Además, dormir bien elimina el estrés y beneficia la facultad de aprender y memorizar.

> Durante el sueño se regeneran las células de nuestro cuerpo, incluyendo las de la piel; ya sabrás por qué la gente se ve muy amolada o *cacheteada* después de una desvelada, y más si consumió alcohol en exceso, pues se deshidrata.

A lo largo de la noche el sueño cubre un ciclo y lo ideal es no interrumpirlo. El ciclo está compuesto de cinco etapas. La uno y dos son de sueño ligero; es cuando los ojos se mueven lentamente y es fácil despertarse. La tres y cuatro son las etapas de ondas lentas, es cuando es muy difícil despertar; si la persona interrumpe su sueño se siente desorientada y le cuesta trabajo despertar por completo. Es cuando decimos que la persona anda *modorra*. La etapa cinco es en la que se sueña. Lo que la mayoría de la gente desconoce es que el verdadero descanso físico ocurre en las etapas tres y cuatro y el descanso mental en la etapa cinco.

Una característica de la persona que no durmió bien es la gran cantidad de bostezos o *mordidas al aire* que realiza; y para colmo ¡se contagian! ¿Te has fijado en eso? Si ves que alguien está constantemente bostezando, te aseguro que al poco rato sentirás que también necesitas hacerlo.

> El mal humor o el carácter irritable se hacen presentes en quienes no descansan lo suficiente; además suelen manifestar dolor de cabeza y muscular, sobre todo a nivel de espalda y nuca. En los niños se ocasiona un pobre desempeño escolar y falta de concentración, lo cual repercute en sus calificaciones.

Estudios recientes realizados por la Academia Estadounidense de Neurología de Boston, Massachusetts, dicen que el sueño podría fomentar la habilidad del cerebro para recordar información aprendida. En otras palabras, dormir bien refuerza la memoria y el no hacerlo bien prepara el terreno para sufrir lagunas mentales.

¿Creerías si te dijeran que no dormir bien puede ser causa de que tengas sobrepeso? ¡Imagínate! Tanto luchar por bajar esas lonjas y quejarte amargamente de que por más que te pones a dieta no bajas y, para colmo, desconoces que la verdadera razón es por desvelarte tanto. Voy a explicarte el por qué. Son dos razones esenciales.

La primera: cuando no duermes bien o el tiempo suficiente, te levantas cansado y el organismo interpreta este cansancio como falta de energía, por lo tanto, el reflejo del hambre se hace presente y el cuerpo te pide energía, la cual se encuentra más fácilmente en lo dulce, en los carbohidratos; todo esto sucede inconscientemente para sobrellevar ese cansancio debido al mal dormir.

La segunda razón: durante el sueño se secreta la hormona leptina, que envía al cerebro el mensaje de la saciedad. Cuando las personas no duermen bien, baja la producción de esta hormona y provoca que coman más ante la falta de niveles adecuados. La tremenda consecuencia es el sobrepeso, la obesidad, y con ello un mayor riesgo de padecer enfermedades como la diabetes y la hipertensión arterial.

Otra hormona que se secreta durante el sueño es la hormona del crecimiento, por lo tanto, si los niños no duermen bien, se afectará su crecimiento.

Es importante decir que el sueño de día no es igual al nocturno. Su calidad disminuye porque se rompe el ritmo y su duración no es la adecuada. Es por eso que para quienes trabajan de noche y tienen la necesidad de dormir de día se recomienda que la habitación tenga la facilidad de oscurecerse o utilizar antifaz y tapones auditivos para disminuir los estímulos externos y lograr que el día sea lo más semejante a la noche.

Si has notado que por más que duermes no descansas, puede ser que tu ritmo de sueño no sea el correcto o ronques y tengas períodos de falta de oxigenación, lo cual repercute en la calidad de tu descanso. Un especialista en sueño podría ayudar enormemente.

Engarchado al cansancio crónico

Toma las siguientes recomendaciones:

1. Evita la cafeína, nicotina y alcohol en la noche. Sí, ya sé que en la noche es cuando más se consume o se antoja el alcohol pero, ¿qué prefieres? ¿Un momento de esparcimiento y relax o muchas horas de irritabilidad, cansancio extremo y riesgo de sufrir accidentes?

2. Si notas que no duermes correctamente y te gusta el ejercicio, evítalo antes de la hora de dormir; procura hacerlo por la mañana o durante las cuatro o cinco horas previas a ir a la cama.

3. No te enganches a las cenas abundantes y muy condimentadas. Esto interfiere con el sueño reparador.

4. Si tienes problemas para dormir, procura evitar las siestas durante el día.

5. Establece una rutina que te ayude a la relajación antes de dormir. Recomiendo la música tranquila, un buen libro y aromaterapia.

Lo cierto es que cada día hay más personas que padecen insomnio por razones diversas, como las que enumeré anteriormente, pero la gran mayoría de quienes lo padecen es por estar enganchados a pensamientos diversos que les impiden conciliar un sueño reparador.

Un experto en nutrición, salud y con doctorado en Harvard Medical School, el doctor Andrew Weil, compartió una excelente técnica para no engancharte a la desesperación en las noches que no puedas dormir. Reconozco que lo he padecido y desde que descubrí esta técnica logré un avance impresionante en la concentración para el buen dormir.

Cuando quieras conciliar el sueño y no puedas, recuerda los números 4-7-8 ya que son los que van a determinar el ritmo de tu respiración. Como probablemente lo sabes, una estrategia infalible para controlar el nivel de estrés es por medio de la respiración. La técnica que te recomienda está basada en controlar o pausar el ritmo de tu respiración para relajarte y conciliar el sueño. Funciona de la siguiente manera:

1. Inhala aire por tu nariz durante cuatro segundos.
2. Mantén el aire en tus pulmones durante siete segundos.
3. Expulsa el aire de tus pulmones durante ocho segundos.

Repites la técnica hasta que te quedes dormido, lo cual sucede más pronto de lo que te imaginas (o en caso contrario, practica hasta que te canses de tanto hacerlo y, por lo tanto, te quedes dormido).

Adicionalmente se recomienda que mantengas la punta de tu lengua tocando la encía superior.

Con esta técnica se busca controlar nuestra respiración para devolver la concentración de gases en sangre a sus niveles normales y, asimismo, bajar el ritmo cardiaco que se eleva por ansiedad o estrés y entrar en un estado de relajación.

Es importante agregar que el control de la respiración se ha utilizado desde hace muchos siglos en algunas culturas orientales, pero mediante la recomendación de respiración pausada con los segundos recomendados se ha hecho más fácil de aplicar.

El doctor Weil publicó recomendaciones prácticas para mejorar la salud que de verdad han cambiado miles de vidas; por ejemplo: evitar el consumo de bebidas azucaradas que nuestra sociedad ha aceptado, inclusive adoptado, como parte su dieta. Enfatiza en el consumo de té verde como el mejor antioxidante al igual que verduras diversas y el consumo adicional de vitamina D para evitar catarro común, incluso la depresión.

También comparte lo siguiente:

"Por desgracia, la realidad es otra no sólo en el área médica, sino en la gente que desesperadamente busca sanar enfermedades que pudieron haber sido evitadas si se hubieran tomado las medidas preventivas."

Apaguemos incendios que pudieron evitarse, incluyendo tantas enfermedades que tienen que ver con el estrés o la ansiedad a la que nos sometemos con frecuencia, mucho de este estado de ansiedad es por no descansar correctamente.

Es de todos conocido que en las grandes ciudades la mayoría de la gente vive acelerada, ansiosa, preocupada por lo que tiene que hacer o debería hacer, o peor, por todo lo que podría pasar. Obvio, tiene un costo que se representa en la salud física y emocional.

Imagina un mundo en el que la medicina estuviera orientada hacia la salud en vez de hacia la enfermedad. Donde los doctores confiaran en la capacidad natural de curación del cuerpo humano y pusieran más énfasis en la prevención que en el tratamiento, incluyendo la necesidad de dormir las horas que nos corresponden. En este mundo los pacientes y los doctores serían socios buscando un mismo objetivo.

William Shakespeare, dramaturgo y poeta inglés, escribió:

"¡Y pensar que con el sueño damos fin al pesar del corazón y a los mil conflictos naturales que construyen la herencia de la carne!"

Enganchado a la inactividad

Ante la crisis y la adversidad, lo peor que podemos hacer es no hacer nada.

La parálisis en la que momentáneamente entramos cuando algo está fuera de nuestro control o nos impacta y desequilibra por lo inesperado, es hasta cierto punto normal. Lo que no es natural es seguir sin hacer nada, lamentándonos por lo sucedido, quejándonos eternamente por lo injusta que es la vida y caer en una inactividad permanente. Recordé una frase que decía mi madre ante la crisis:

> **"¡Ves la tempestad y no te hincas!",
> en otras palabras, "¡muévete!".**

En estos momentos estamos viviendo una tempestad similar por la inactividad y la indiferencia o parálisis agregada que muchas veces se presenta ante un grave problema. Investigadores afiliados a la Organización Mundial de la Salud y a la Escuela de Higiene Tropical de Londres, reportaron que las cinturas de las personas de todo el mundo están en crecimiento.

Cada día vemos a más personas con abdómenes voluminosos, fruto de gustos pesados y de la inactividad. El peso total combinado de todos los seres humanos de la tierra supera la cifra de 287 millones de toneladas, de las cuales cerca de 3.5 millones de toneladas de masa se deben a la obesidad, y de éstas un tercio se ubica en Estados Unidos y México, a pesar de que este continente tiene solamente seis por ciento de la población mundial.

Los habitantes de América Latina siguen engordado cada día y 60 por ciento de su población total ha sido clasificada como obesa o con sobrepeso.

Por supuesto, es de todos conocido que la cantidad y el tipo de alimentación es determinante. Tal como lo mencioné, comemos cada vez más productos de pésima calidad con alto contenido en grasas y azúcares. Pero también existe un problema gravísimo que es más difícil de solucionar: el sedentarismo o la inactividad.

Gretchen Reynolds, periodista galardonada con varios reconocimientos, autora del libro *Los primeros 20 minutos,* quien además escribe para el diario *The New York Times,* apareció en varias ocasiones en el programa de Oprah Winfrey causando gran controversia por la publicación de una recopilación de investigaciones relacionadas con el ejercicio, no sólo por lo poco que se practica, sino también por lo mal que lo realizamos.

Ella afirma que caminar mejora la memoria y te pone de buen humor, y que la inactividad y la mala alimentación son los peores hábitos que podemos adquirir porque disminuyen la calidad y tiempo de vida.

Hablando de la inactividad, en su libro dice que de acuerdo con los cálculos de los investigadores, 31.1 por ciento de los adultos en el mundo, es decir, mil millones y medio de personas, son sedentarias casi por completo. Esto significa que no cubren la recomendación mínima de 150 minutos de caminata o alguna actividad moderada a la semana, es decir, si tan sólo hiciéramos 20 minutos al día sería de gran beneficio para nuestra salud.

Pero lo más dramático de los resultados de estas investigaciones es lo referente a los adolescentes. Más del 80 por ciento de los jóvenes entre trece y quince años no realizan la hora diaria de ejercicio intenso, lo recomendado para ese grupo de edad. América (Estados Unidos, México, Sudamérica) y Europa encabezan la lista mundial de los continentes más inactivos.

Imagínate el grave problema que esto significa. Obviamente el pronóstico no es nada alentador al constatar que si en la juventud son inactivos, ¿qué nos hace pensar que en la edad adulta practicarán ejercicio?

El seis por ciento de todos los casos de enfermedades cardiacas en el planeta está vinculado con la inactividad, incluyendo: diabetes, cáncer de colon y de mama, incluso en personas que no fuman y tienen un peso aceptable. Los autores calcularon que cerca de 5.3 millones de personas mueren al año por enfermedades relacionadas con la inactividad física.

¿De qué forma podríamos revertir este terrible pronóstico? ¡Moviéndonos! Empecemos hoy mismo. Si no existe una enfermedad incapacitante, empecemos ya. Es momento de activar el único instrumento que tenemos para vivir y depende de cada uno de nosotros que sea por más años.

Vale la pena movernos, lo mínimo recomendado son solamente 150 minutos a la semana, los cuales pueden estar distribuidos como lo desees. Si te mueves lo suficiente, tus músculos cambian y crecen. El intestino trabaja mejor y desecha más rápidamente los productos tóxicos que tienden a almacenarse por más tiempo, dentro de los cuales pueden estar productos procesados con grandes posibilidades de ser cancerígenos. Todas las células de nuestro cuerpo se ven beneficiadas gracias al movimiento.

"¡No puede ser! ¡Pero si ayer lo vi y estaba muy contento! Es más, me dijo: 'Cumplo años la próxima semana y voy a hacer una reunión en casa; espero que puedas acompañarme.' Y, mira, ahora ya no está. No puede ser..." Es parte de un diálogo que escuché en el aeropuerto durante el encuentro de dos amigos, al enterase uno de ellos de la muerte de alguien que, al parecer, apreciaba mucho. Se hizo un silencio entre los dos y luego uno agregó: "No puede ser que haya muerto de un infarto, si él sólo se enfermaba de gripa a cada rato."

De inmediato vino a mi mente el artículo publicado por el doctor Joel H. Kahn, en el que afirma datos en relación con este importantísimo órgano, el corazón, que muchos no cuidan y que, inclusive, una gripa puede afectarlo. Por favor lee lo que a continuación te comparto, estoy seguro de que si eres de esas personas que se enferman constantemente de resfriados comunes y además eres muy aprensivo, te va a interesar.

Siempre he creído que ser aprensivos o tomarnos la vida muy en serio en relación con los problemas que todos tenemos, mata. Hombres y mujeres sufren por cosas que en dos o tres días no tendrán ninguna importancia. Recordé a un tío que se enojaba por cosas simples y que, por sus reacciones, hacía creer que eran complejas. Sufría y hacía sufrir a mi tía y a mis primos por la mosca que no podía matar, por la lluvia que no paraba y no le permitía ir por su auto estacionado a unas cuadras, por el tráfico, por la ineptitud de la gente con la que se topaba a cada momento –que por cierto era toda la gente, menos él– y por otras cositas más.

Los ojos se le saltaban, su cara enrojecía, su cuello se contraía y se notaban los músculos tensos y los vasos sanguíneos, que parecía que de un momento a otro iba a salir sangre a borbotones; apretaba los puños de sus manos con fuerza, de tal manera que los que lo rodeábamos en ese instante creíamos que nos iba dar un golpe.

Además de esta personalidad aprensiva, que mi tío y mucha gente más padecen, el doctor Joel K. Kahn, quien durante más de 25 años ha ejercido su profesión como cardiólogo, comparte que los infartos no siempre ocurren en forma repentina. Afirma que hay condiciones que predisponen a los infartos como la inactividad, la diabetes, el colesterol alto y la hipertensión arterial, situaciones que la mayoría conocemos y que, no obstante, no hacemos nada por prevenirlas. Si además de no movernos, agregamos cuatro condiciones, el riesgo de infarto se incrementa notablemente:

1. **La muerte de alguien querido.** Una situación estresante que puede dañar el corazón. Todos conocemos casos de la muerte de personas de la tercera edad, y cuando a los pocos días o meses pierde la vida su pareja expresamos: "No pudo vivir sin ella", o decimos: "Se lo llevó." En un estudio realizado en Estados Unidos con miles de personas que habían tenido infarto, se demostró que aumentaba la posibilidad de padecer un segundo infarto al enfrentar la pérdida de un familiar o un amigo querido.

2. **Desastres naturales.** En las noticias nos enteramos de que quienes pierden todo en un desastre natural pueden recurrir a la puerta falsa del suicidio, pero también se ha demostrado que en las tres semanas que siguieron al terremoto de 8.9 grados Richter y al tsunami subsecuente que mató a miles de personas en Japón en el 2011, la incidencia de infartos entre los sobrevivientes se triplicó.

3. **Ataque de gripe.** ¡Increíble pero cierto! Tal y como escuché en ese comentario entre los dos amigos que se encontraron en el aeropuerto, el doctor Kahn confirmó que además del agotamiento extremo, los dolores musculares, de garganta y la secreción nasal que produce la gripe pueden cuadriplicar las posibilidades de sufrir un infarto durante el lapso de hasta tres días después de la enfermedad. La razón me sorprendió. El virus de la gripa puede desencadenar una respuesta inflamatoria capaz de dañar las arterias incluyendo las que abastecen de sangre a las paredes del corazón. La deshidratación que se presenta en la gripa cuando no se sustituye la cantidad de líquidos perdidos, hace que la sangre se vuelva más espesa y aumente el riesgo de formación de coágulos; aunado a esto, la fiebre eleva la frecuencia cardiaca y obliga al corazón a trabajar arduamente. Por eso, recomendé durante mucho tiempo a mis pacientes que tomaran mayor cantidad de agua y aspirinas durante los periodos de gripa, porque está comprobado que ayuda a evitar los coágulos sanguíneos.

El corazón es un músculo y requiere que lo ejercitemos. Tremendo pecado de omisión tener la posibilidad de ejercitarnos y comer sanamente y no hacerlo. De un momento a otro, nuestra vida puede tomar un giro inesperado, fruto de las malas decisiones, en especial por no prevenir. Por supuesto, esta información es importante, ya que la enfermedad cardiovascular ocupa el primer lugar de causas de mortalidad. Incluyo también la tristeza o depresión crónica que sufren una gran cantidad de hombres y mujeres que también puede ocasionar infarto.

Me impresionan las investigaciones recientes en el campo de la neuro-cardiología, específicamente las realizadas por el doctor Rollin McCraty, publicadas en *The Appreciative Heart*, las cuales confirman que el corazón es un órgano sensorial y un centro sofisticado de información y codificación, con un sistema nervioso tan extenso que podría ser como un cerebro del corazón.

Los pensamientos derrotistas y negativos generan procesos emocionales sin control que consumen nuestra energía y disminuyen la calidad de vida, por eso los expertos recomiendan construir y sostener emociones positivas para lograr que el corazón no tenga daños crónicos.

Uno de los ejercicios recomendados, y que me ha dado un gran beneficio, es el que te invito a realizar conmigo en este momento:

Cierra tus ojos y procura relajarte a través de la respiración.

Concéntrate ahora en el área del corazón. Puedes colocar una mano sobre él, esto te ayuda a enfocarte con mayor precisión.

Visualiza cómo entra y sale el aire a través de tu respiración. Inhala y exhala lentamente. Ahora enfócate en crear un sentimiento genuino de agradecimiento y aprecio hacia algo o hacia alguien.

Siente el gran beneficio que ambos sentimientos, el agradecimiento y el aprecio, provocan en ti y procura que perduren el tiempo que puedas.

Quiero que realices este ejercicio la mayor cantidad de veces posible y verás cambios radicales en ti.

Enganchado a la rutina
¡Pero qué afán de seguir siempre igual!

Tremendo error darnos cuenta de que la gente y las circunstancias siempre están en constante cambio y tú deseas seguir haciendo las cosas de la misma manera, porque siempre las has hecho así.

O como decía mi amiga Lulú, que asistía al mismo gimnasio que yo: *"Tengo que venir diario una hora porque la competencia está muy dura."* Refiriéndose a la competencia que ella como soltera y con ganas de encontrar a la pareja idónea tenía con tantas mujeres que se cuidan. Claro que la competencia avanza en todos los niveles; los maestros exigen cada vez más a los alumnos y este nivel de exigencia hace que nos hagamos más competitivos aunque, comparado con otros países, digamos que seguimos en pañales. Los jefes por supuesto se han vuelto más exigentes, ya que la crisis orilla a que lo que hacían dos lo haga uno, y la oferta de quienes pueden hacer lo que uno hace está a la orden del día. No estoy retractándome de la creencia de que somos seres únicos e irrepetibles, pero en lo laboral somos sustituibles, y muchas veces por quienes tienen más ganas de hacer las cosas. Asimismo, los clientes son cada día más exigentes, ¡tú eres más exigente! Ahora queremos que tal restaurante sirva tan rápido como aquél o que en tal lugar me traten tan bien como en el otro.

Nos hemos vuelto más exigentes para elegir con quién pasar la mayor parte de nuestro tiempo, porque conforme los años se acumulan, caemos en la tentación de hacernos rutinarios y difícilmente nos adaptamos a otro estilo de vida. La gente que nos rodea cada día tiene más opciones y termina por hartarse del *pan con lo mismo* que como vendedor o como persona das, y se aguantan por costumbre o porque no les queda de otra, aunque quienes son más osados o valientes se van a donde los tratan mejor y obtienen mejores beneficios.

Obviamente lo anterior se aplica también en las relaciones de pareja. Si algo he aprendido de tantas entrevistas que he realizado en la radio a expertos en temas de amor y desamor es que alrededor de 75 por ciento de las parejas dejan de amar después algún tiempo, o sea, es una gran verdad lo que José José cantó tantas veces: "Porque nada es para siempre y hasta la belleza cansa, el amor acaba." ¡Y claro que se acaba! Fruto de la poca comunicación, de las sutiles y constantes faltas de respeto, de la carencia de confianza y de la poca consideración que manifestamos con nuestra pareja. De ese 75 por ciento, 40 por ciento se separa y el otro 35 por ciento sigue ahí... Y continúa por razones diversas como la conveniencia económica, la rutina, los principios éticos o morales que le impiden terminar con algo que se suponía era para siempre, o la falta de determinación para tomar las riendas de su vida y buscar una vida mejor.

Triste situación ver que las relaciones se deterioran por falta de criterio o inteligencia para tomar decisiones que beneficien a ambas partes, para no convertirse en víctimas eternas de las circunstancias.

> **Utilizan frases lastimeras y trilladas fruto del ego como: "Así soy", "Siempre he sido así", "No me quieras cambiar", "Si te gusta cómo soy, qué bien, y si no, también." Se desmorona el amor, se acaba la ilusión y, por supuesto, el amor acaba.**

Tremendo error no avanzar en el conocimiento que nos ayude a entender mejor a nuestra pareja. Como nunca, abundan los libros de autoayuda a tu disposición –si son los míos, mejor– y seguimos creyendo que somos capaces de sobrellevar las diferentes adversidades que se presentan, aludiendo a la falsa creencia de que no podemos ser perfectos, o cayendo en el abismo que afirma: *echando a perder se aprende.*

Es una cuestión de sentido común aceptar que seguir haciendo todo igual no tendrá riesgos o repercusiones. Aunque el éxito te esté acompañando, siempre es saludable analizar cuál es la forma en la que podemos hacer mejor y diferente las cosas. Buen momento para recordar las palabras de Albert Einstein:

> **"Es una tontería hacer las cosas como siempre y esperar resultados diferentes."**

Te pido que en este momento veas y toques la piel del dorso de tu mano. Esa piel no estaba hace 25 días, es piel nueva, se regenera; todos los órganos del cuerpo se están renovando. Las cuatro estaciones del año tienen su significado por la renovación constante y perfecta. ¿Por qué si todo cambia, no cambiamos esas actitudes que nos dañan poco a poco? ¿Por qué no cambiar los pésimos hábitos que nos afectan tanto? ¿Por qué no tomar la decisión de modificar las palabras que expresamos sin pensar y los pensamientos derrotistas que nos acechan y a los cuales damos paso libre en nuestra mente?

El cambio podremos negarlo o aceptarlo, pero no podemos evitarlo. Afirmo que hay tres razones fundamentales por las cuales nos resistimos a los cambios y continuamos con una lacerante rutina:

1. **Por comodidad o costumbre.** Muy cómodo estar en la posición que siempre hemos tenido, sin necesidad de poner en riesgo la tranquilidad y comodidad que da seguir haciendo todo igual. Por costumbre cocinamos los mismos platillos que terminan por hartar hasta los paladares más nobles, amorosos y adaptados. Por comodidad o por costumbre no nos arriesgamos a cambiar la imagen que desde hace muchos años proyectamos, con el mismo color de prendas, los mismos accesorios, el mismo peinado. Todo igual creyendo que si no cambiamos, es porque ése es nuestro toque personal. En otras palabras: *Si no ha fallado, ni le muevas.*

   "Además, así le gusto a mi esposo", me dijo una señora cuando escuchó en una de mis conferencias que el cambio *siempre* da buenos resultados.

   "*Siempre* he sido así", me dijo. "No me maquillo, no le pongo color a mi cabello, el cual acomodo *siempre* con un broche que lo mantiene fijo, y *siempre* es el mismo tipo de broche."

Y todavía remata diciendo: "Además, ¿sabe qué? La gente me dice que me veo igual que hace muchos años, porque siempre he sido así…"

¿Qué le digo? ¿Cómo contradices tan arraigado hábito en relación con su persona? Muy respetable, por cierto, y más por la aceptación o la dizque aceptación que su pareja manifiesta. Mi pregunta, interior, es: "¿En serio al hombre le gusta cómo se ve siempre?" Dirá que así la quiere para no herir susceptibilidades o por la terrible costumbre contagiosa que se adueña y modifica hábitos de las personas con las que más se convive. ¿Será que él sueña con verla un día diferente? No con su pelo entrecano, sino con un color rubio o castaño claro que le resalte sus facciones, o maquillada sutilmente para recibirlo, o con un corte diferente a esa cola de caballo que siempre porta. No sé ni lo sabré. Ni me interesa, por cierto. Pero lo que sí puedo afirmar es que muchos hacemos de nuestras acciones una costumbre lamentable que va apagando poco a poco el interés de quienes nos quieren y, no sólo eso, contagiamos el hastío y el aburrimiento.

Es esa misma comodidad la que nos impide tomar decisiones. Por comodidad no cambio de color las habitaciones en las que más estoy, aun a sabiendas de que hay colores más vivos que modificarían completamente mi estado de ánimo. Pero como siempre ha sido así, pues así lo dejamos. ¿Cuántos cambian de color su casa, pero buscan exactamente el mismo tono que siempre ha tenido? ¿Por qué? Porque siempre ha sido así. Entrar a la casa de quien no gusta de cambios es como si el tiempo se hubiera detenido y se percibe una sensación de poco avance.

Recientemente me sucedió algo que quiero compartir en relación con esto. Fui a dar un pésame por el fallecimiento del miembro de una familia que durante toda mi infancia y juventud vivió muy cerca de donde yo crecí. La señora de 80 y tantos años me recibió y nos dimos un fuerte abrazo, pero al entrar parecía que el tiempo se había detenido en esa casa. Después de casi 30 años de no pararme ahí, la misma sala, los mismos cuadros, el mismo color, ¡todo igual! Las fotos de sus hijos cuando eran pequeños en los mismos marcos y sobre la misma mesa.

"¡No puede ser! Aquí no ha pasado el tiempo", exclamé. A lo cual la señora con toda dulzura me contestó: "¡Gracias! Qué amable de tu parte al decirme eso, pero sí he cambiado un poco, unas cuantas arrugas." Por supuesto que no me refería a ella, sino a la casa en cuestión.

Es recomendable cambiar colores en las habitaciones, quitar fotos viejas, poner fotos nuevas, si no se pueden cambiar los muebles, tapizarlos, poner flores, adornos diversos pero, sobre todo, no permitir que el hastío y la rutina se apoderen de ti y de tu hogar.

Sentí una sensación difícil de expresar porque retrocedí en el tiempo y recordé mi infancia, la cual por cierto ya pasó hace muchos años.

Por costumbre y pocas veces por falta de recursos, dejamos todo igual. Cuando hay creatividad e iniciativa se pueden hacer grandes cambios.

En uno de mis libros compartí sobre el fantasma de la rutina. Ese terrible monstruo que nos acecha a la hora de elegir ropa en un almacén o al escoger lo que vamos a comer o cocinar. Ese terrible fantasma que deberíamos eliminar cuanto antes de nuestra vida porque es el causante de la mayor cantidad de divorcios. El fantasma del hastío, la rutina o el aburrimiento.

2. **Por miedo a equivocarnos o ser criticados.** Una amiga de mi esposa es de esas mujeres que podría llamar *camaleónicas,* las que cambian pero principalmente por el entorno o el estado de ánimo en el que se encuentran. Un

día de rubia, otro mes la ves con su cabello rojo, al año siguiente me la encuentro con cabello negro y corto, después verde –bien ecológica ella– y cuando le preguntas ¿por qué verde? Con toda tranquilidad te contesta: "Porque no me agarró bien el tinte, pero después mejora." ¡Le tenía sin cuidado el color verde! Y así, cambio tras cambio, y además gusta de los accesorios que difícilmente olvida ponerse, unos bonitos y otros no tanto. Los cambios en su imagen a veces se le ven muy bien, a veces no. Pero lo más sorprendente es que ella sabe que en ocasiones lo que se hace no le queda o no le gusta tanto y su respuesta es la misma: "¡Sí, ya se, me veo rara, pero ni modo, al rato se acostumbran!" Se acepta, se quiere y mucho, y el qué dirán es algo que puede o no preocuparle pero está consciente de que disfruta los cambios. Las consecuencias de cambiar siempre están presentes. Podremos equivocarnos o haber tomado una buena decisión, pero hay quienes prefieren ser eternos espectadores de la vida y difícilmente toman el rol de protagonistas de su propia historia.

Yo también he hecho cambios de los cuales tal vez me he arrepentido, pero de muchos otros no. Me enorgullezco de las modificaciones que he hecho no sólo en mi trabajo, en mi manera de compartir las conferencias y en los programas de radio, sino también de los cambios que he tenido como persona. Deseo fomentarlos en mí y en quienes tanto quiero.

Me rehúso a ser un eterno espectador que ve los cambios que se suscitan a mi alrededor. Me adapto a ellos. Siempre tendré presente que el día que deje de cambiar, empezará a envejecer mi alma, no sólo mi cuerpo y, además, la vida es tan corta como para que sea siempre igual.

3. **Por arraigo a mis decretos y creencias.** Frases que nos repetimos para reafirmar y justificar nuestras acciones erró-

neas. Frases que nos programan a seguir ciertos patrones de conducta que desde hace mucho tiempo debimos cambiar. Como por ejemplo:

* "¡Soy de las personas que no pueden controlar el enojo!"
* "Es que no tengo paciencia."
* "El que me la hace me la paga."
* "Imposible expresar lo que siento, porque toda mi vida he sido muy seco."

Aceptémoslo, somos seres cambiantes, siempre nos estamos renovando; si analizas tu forma de pensar o actuar en estos momentos, y la comparas con la forma en la que pensabas hace diez o veinte años, notarás ciertas diferencias (bueno, eso espero).

Te comparto algunas de las sugerencias que te estimularán a tomar la decisión de cambiar lo que creas conveniente.

1. Analiza qué áreas de tu vida te has resistido a cambiar y urge hacer algo.

   La mayoría de las cosas a las que nos resistimos cambiar es por terquedad, desidia o por miedo a sentirnos inferiores o débiles. Te das cuenta de que las cosas van de mal en peor, cuando cada día se complica por la misma razón y sigues culpando a las circunstancias y a otros de tu desdicha.

   En entrevista de radio, el médico psiquiatra Mariano Barragán, quien tiene 43 años de experiencia tratando a personas con problemas de pareja, me dijo que ante cualquier problema todos podemos adoptar el rol de *causa o efecto*. La mayoría tomamos el rol de *efecto*. O sea, nos consideramos como un efecto de algo externo de lo cual tenemos poco o ningún control. No me queda más que resignarme a lo que me está causando malestar o soy una víctima indefensa de las circunstancias. Ser *efecto* me vuelve impotente y vulnerable. Ser *causa* me convierte en un ser activo que puede tomar decisiones para cambiar y no precisamente ser causante de problemas.

El ejemplo de *efecto* que más creo conveniente presentarte es cuando nos quejamos de la poca consideración que tiene nuestra pareja: "Ha perdido detalles que antes admiraba, se ha vuelto una persona fría y desconsiderada y eso está destruyendo el poco amor que queda. Sus cambios iniciaron desde que nació nuestro primer hijo y siento que ya no soy prioridad en su vida." Podría seguir con esta letanía tan conocida o expresada por tanta gente o podría convertirla en *causa*. Identifico qué puedo hacer para no ser eterna víctima de la crisis, y cómo modificar la situación. ¿Qué acciones puedo tener para que el conflicto no crezca? ¿Qué he hecho o no he hecho para apagar el mucho o poco amor que aún queda?

Evita ser parte de la cadena de victimismo o *efecto* que nos rodea y que daña a millones de personas. Un rol que paraliza y nos evita tomar acciones concisas para modificar el estado que nos daña.

Seamos claros, relación que descuidamos, relación que se deteriora. Una pareja es como una planta. Si la descuidas se marchita, se seca o le llega una *plaga* que la termina de dañar; y esa plaga puede ser *rencor acumulado*.

Otro caso que ejemplifica el rol de causa o efecto es el que muchos de nosotros quizá padecimos en la infancia o juventud: "¡Se nota que hay diferencias en la forma en la que me trata mi padre! ¡Se nota que quiere más a mi hermano!" Típico, ¿no?

Justificada o injustificadamente el hecho es claro, detectas diferencias que te hacen sentir menos o te llenan de resentimiento por las marcadas consideraciones que tú no recibes y tu hermano sí.

Ser *efecto* es seguir quejándome por lo poco considerados que son conmigo. Declarar la guerra ante tal injusticia y crecer con ese resentimiento que aún alberga en el corazón de millones de adultos. Ser causa es reconocer que puedo estar viendo *moros con tranchetes* o estar en un estado tan sensible que todo lo veo así; o como en mi niñez o juventud, adolezco de cierta capacidad de discernimiento y sigo con la creencia de que sí existieron ciertas diferencias, pero tomo las riendas de mi vida para demostrar que puedo salir adelante a pesar de eso y más.

2. ¿La vida te ha dado lo que crees merecer o es necesario cambiar tu forma de pensar y de actuar para que logres lo que mereces? La vida no siempre nos da lo que merecemos. Aceptémoslo de una vez, ya lo he dicho la vida no es justa y punto. No es justa desde el momento que tuvimos la gran fortuna de nacer en un país libre. Si no me ha dado la vida lo que merezco, es momento de analizar a fondo las razones; te aseguro que en la mayoría de las razones algo tuvimos que ver en que así sucediera.

Difícil aceptar este tipo de afirmaciones en el momento de la crisis, pero sé que si en este momento decides salir del rol de víctima eterna de todo lo vivido, te darás cuenta de que gran parte de lo que te ha ocurrido ha sido por dos motivos: *lo provocaste directa o indirectamente, o lo permitiste de forma sutil o activa.*

Si traicionaron mi confianza, yo tomé la decisión de que así fuera al confiar en alguien que no lo merecía. Yo decidí casarme con la persona con la que comparto la mayor parte de mi vida y como yo lo decidí, todo lo que sea fruto de esa relación tiene un porcentaje de decisión personal.

De la misma forma, la mayor cantidad de enfermedades que puedo padecer tienen que ver con decisiones sobre el estilo de vida que yo decidí: pésima alimentación, poco ejercicio, estrés al por mayor, ansiedad no manejada, me tomo demasiado en serio los problemas o me convierto en una olla de presión andante.

En casos extremos, el número de hijos que tenemos y el tiempo que creemos o podemos dedicarles, se basa también en una decisión. Todos los problemas que tanto nos desgastan, fruto de lo que les sucede a nuestros hijos, son también parte de una importante decisión.

"La vida ha sido injusta", me dijo un joven de 23 años que tuvo que casarse con su novia que no quería lo suficiente, pero sí como para pasar momentos muy amenos de esparcimiento y relajación corporal. Fruto de esos gustos pasados, tuvo un embarazo no deseado, pero sí aceptado u obligado por los padres de ambos.

"¡Mi vida es un infierno!", me dijo. "Se me hace injusto esto cuando tengo tantos amigos que le dan *vuelo a la hilacha* y no se hacen responsables de sus acciones." Por supuesto; él tomó la decisión inicial, no sus padres. Fue él quien buscó satisfacer una necesidad natural pero de una forma poco responsable.

Siempre tomamos decisiones, buenas y no tan buenas, y de todas ellas surgen consecuencias. Y el primer paso para tomar acciones por nuestro bien es hacernos responsables de las decisiones tomadas. Una excelente decisión es cambiar nuestra mentalidad derrotista por una mentalidad proactiva que nos invite a la solución y nos impida enfocarnos en el problema.

3. Identifica en qué se fundamenta tu temor al cambio. ¿Qué hay en tu pasado que te da tanto miedo cambiar?

No me gusta juzgar sin conocer; reconozco que es algo que en forma reciente he aprendido. Deseo y afirmo tener una mente más altruista que egoísta. Juicios basados más en la bondad que en la maldad. Por supuesto a veces es casi imposible encontrar bondad en quienes actúan de forma despiadada y desconsiderada, en cierta gente que sabes que nació torcida, además su poca educación y carencia de amor los torció más y jamás se enderezarán.

Pero cuando veo que alguien prefiere seguir en su estado de comodidad por el miedo a tomar decisiones que le ayuden a sobrellevar sus carencias, no puedo evitar un juicio basado en la bondad o el altruismo:

* ¿Qué habrá vivido en su infancia o en su juventud para que tenga tanto miedo a tomar las riendas de su vida?
* ¿Qué habrá en su pasado que le impide abrir los ojos ante determinada situación?
* ¿Qué no ve que esa pareja no sirve para nada y le va a desgraciar su vida?
* ¿Qué no se da cuenta de que sus hijos se están aprovechando de ella?

Por supuesto el pasado nos puede marcar para bien o para mal y mientras no hagamos consciente esas crisis que vivimos en la infancia o en la juventud será prácticamente imposible avanzar en una vida más plena.

No es igual un adulto que de niño recibió amenazas y críticas constantes y que además fue humillado o golpeado en forma verbal o física, que otro adulto que en su etapa infantil fue amado, querido y respetado. Como tampoco lo será quien fue sobreprotegido de tal forma que todas las decisiones las tomaba su padre o su madre y ahora tremendo *peladote* no sabe qué decidir respecto al rumbo de su vida. Tristemente –o afortunadamente, según sea el caso–, la infancia se convierte en destino. Cuando se sufrió mucho en la infancia y no tomamos acciones contundentes para sanar heridas, las repercusiones pueden derivar en una mayor probabilidad de repetir los mismos errores con los hijos, depresiones frecuentes, posibles problemas de codependencia a personas agresivas o dependencia a las drogas, agresividad constante e incontrolada, sensación de vacío existencial, entre muchas otras.

Bien lo expresa la biografía de Adolfo Hitler:

"Sus padres fueron Alois Hitler, oficial de aduanas, y Klara Pölzl." Él le llevaba 23 años a Klara, quien era su tercera esposa. Alois tenía fama de mujeriego y ambos esposos eran primos en segundo grado y lograron contraer matrimonio gracias a una dispensa papal. Al paso del tiempo, su padre fue ascendido y se trasladó con su familia al pueblo de Passau. De los seis hermanos que conformaban la familia, sólo sobrevivieron Adolfo y Paula. [Me pregunto: ¿Cómo hubiera sido la historia si Adolfo Hitler hubiera sido uno de los hijos que no sobrevivió? Pero bueno, lo hecho, hecho está.]

Al poco tiempo, Alois fue transferido a otro pueblo, por lo que Klara se tuvo que quedar con la responsabilidad de sus hijos.

Como lo dice Guadalupe Loaeza en su libro *Infancia es destino*, de seguro la madre de Adolfo era débil y aprensiva, ya que solía ponerse muy nerviosa si estaba sola con sus hijos. Cuando sentía que ellos la desobedecían, Klara señalaba las pipas que su esposo solía dejar en la cocina y les decía: "Cuando su padre regrese, los va a quemar con estas pipas." Pero los castigos que acostumbraba a dar el padre de Adolfo Hitler eran mucho peores que quemarlos con su pipa.

"Muchas veces los mandaba a su cuarto a desnudarse y acostarse boca abajo en su cama. Luego de un rato, que parecía interminable para los niños, su padre subía a la habitación con un látigo y, después de regañarlos, los azotaba duramente. En una ocasión, mientras recibía los azotes, Adolfo se dijo a sí mismo que no volvería a llorar frente a su padre. Poco después durante otra sesión de azotes, Klara pudo ver cómo su hijo aguantaba en completo silencio el castigo paterno. Después de la Primera Guerra Mundial, Adolfo Hitler llevaba un látigo y lo utilizaba con sus amiguitas suplicándoles que lo empleasen en él.

Lo que poca gente sabe es que en su juventud Adolfo deseaba ser artista, lo que a su padre le cayó como bomba.

– *¿Qué te pasa? ¡Jamás mientras viva!*

Contra la voluntad de su padre, vivió con ese deseo de estudiar pintura y, desafortunadamente para toda la humanidad, fue rechazado dos veces de la Academia Vienesa de Bellas Artes."

Buen momento para hacer las pases con el pasado y sanar al niño interior.

4. ¿Qué puedo hacer para evitar que alguien salga dañado con mi decisión de cambio? Habrá quienes viven cerca de ti que tienen pensamientos arraigados, obsoletos o que no les agradan los cambios y protesten de manera sutil o de manera airada. Pongo de ejemplo el día que decidí cambiar drásticamente mi alimentación y aumentar el tiempo que dedico al ejercicio.

Por supuesto mi familia siempre desea lo mejor para mí, eso no está ni estará en duda, pero imagina por un momento que tu pareja se levante todos los días a las 5:30 de la mañana, incluyendo sábados y domingos, además de eliminar algunos alimentos que toda la familia consume por gusto y convicción, como los lácteos y evitar el pan y el exceso de carbohidratos, entre otras cositas más; por supuesto causa algún tipo de malestar. Por más amor que te manifiesten no deja de incomodar un cambio así en uno de los miembros de la familia, y quien cambió en este caso fui yo. Las protestas no se hicieron esperar, pero con paciencia y perseverancia, todo es posible.

Situaciones más drásticas como el cambio de religión pueden incomodar a quienes siempre han tenido las mismas creencias. El rechazo de sus seres queridos y amigos puede ser patente, inclusive causa de separación.

Un día mi amigo Juan Carlos, dueño de una importante empresa en mi ciudad con más de 25 años de servicio en el área inmobiliaria, analizó la gran cantidad de estrés que estaba acumulando y afirmaba que conforme avanzaba el tiempo iba en aumento. De repente se cuestionó si su vida tenía un rumbo o si era feliz con el estilo de vida que tenía, y tomó una decisión que desde hacía varios años se estaba fraguando en su mente. Pidió a su socio un año sabático y decidió irse a un monasterio budista. Ya podrás imaginar a su esposa, quien como decía mi madre, *puso el grito en el cielo* al conocer tan osada decisión, y no se colgó del candil porque no había en su casa. Dicha decisión fue interpretada, como podrás imaginar, como poco o nulo amor hacia ella. No tienen hijos y la sensación de soledad era más marcada. Por más argumentos que Juan expresó, el convencimiento fue inútil y terminó por irse, no sin antes firmar un acuerdo de divorcio.

Sigo sin saber a ciencia cierta si había amor o no, pero me queda claro que alguien salió dañado con una decisión de cambio que en apariencia era para bien.

Él regresó al año, ahora es practicante de la religión budista y vive solo. Sin embargo, según sus palabras, sigue amando a quien fue su esposa, y hasta ahí va la historia.

Tomar decisiones que creemos son para nuestro bien, puede ser malinterpretado por nuestros seres queridos. Es saludable y conveniente pensar de qué manera podemos tomar decisiones sin herir a quienes conviven con nosotros.

5. Por último, te pido que te cuestiones en este momento ¿cómo te sentirías después de cambiar?

Sin lugar a dudas es el mejor estímulo para ponerse en movimiento y disminuir los temores que nos impiden el cambio.

* ¿Cómo me sentiría si fuera menos aprensivo y tomara la vida menos en serio?
* ¿Cómo me vería si hiciera ejercicio diario, mejorara mi calidad de alimentación y bajara los 10 kilos que me sobran?
* ¿De qué manera cambiaría mi vida si fuera más expresivo con la gente que amo?

Son preguntas que tal vez no nos formulamos a su debido tiempo y pueden ser una gran motivación para cambiar.

No te enganches a la terrible y desgastante rutina. La vida tiene grandes momentos que merecen ser vividos con gracia y con pasión.

¡La vida es una aventura! Te recuerdo que somos arquitectos de nuestro propio destino, como dijo el poeta Amado Nervo, y 90 por ciento de lo que nos sucede tiene que ver con una decisión previa.

> *¡El que no arriesga, no gana!*
> **Asume el riesgo de cambiar procurando ser siempre congruente con tus principios y valores.**

Enganchado al fracaso

¡Pero qué palabra tan espantosa! De por sí, tan sólo escribirla me causa malestar porque la uno de inmediato a lo que creí por mucho tiempo que fue un fracaso y no lo era.

Cuántas veces creemos que eso que vivimos fue un fracaso y era lo peor que podría sucedernos; nos lamentamos con su respectiva dosis de victimismo y le adjudicamos ese término y, sin embargo, al paso del tiempo vemos que no lo es, fue una vivencia que nos dejó un importante aprendizaje. Pudo haber sido una mala decisión o una pésima relación, y se convirtió en una maestra de vida que nos hizo ser diferentes y nos preparó para algo mejor.

Fracaso es un término que mucha gente utiliza para referirse a una falla que por el sólo hecho de vivir nadie está exento de cometer y sin embargo la vida sigue.

Aun con todo lo que te compartí, la palabra se sigue usando para determinar que las cosas no fueron como se esperaban o no se llegó a un objetivo determinado. Pero hablando en positivo, sin necesidad de que lo anterior cause malestar me pregunto:

* ¿Por qué hay quienes lo que se proponen lo logran?
* ¿Cuál es el factor que hace que los sueños que se albergan en lo más profundo del corazón se hagan realidad, pero no a todos?

Esos seres que hasta se jactan al decir: *"¡A mí siempre me va bien!"*, y hasta caen gorditos, sobre todo cuando a nosotros no nos ha ido bien, y tienen la gran *suerte* de que cuando emprenden algo, lo logran.

Podríamos adjudicarlo a la buena fortuna, sobre todo si no encuentras las razones adecuadas, o si a uno le ha ido *remal* en la vida.

Acepto que hay quienes aprovechan los tres factores que pueden acercarnos a eso que le llamamos suerte:

* Tienen una fe sólida e inquebrantable en ellos mismos y en un poder superior.
* Se preparan arduamente para lograr lo que se proponen.
* Aprovechan las oportunidades que la vida les ofrece y por eso les va mejor.

Cuando decimos que alguien logró ponerse en forma, dejar de fumar, cambiar su pésimo carácter, terminar su carrera, obtener determinado empleo, ser el director de una empresa, vender millones de discos, ser el autor más leído del momento, ganar millones de dólares por película, podríamos adjudicarlo a un golpe de suerte, a estar en el lugar indicado con las personas indicadas. Claro que hay casos así, pero son contados. La mayoría han tenido que modificar hábitos que los han llevado al éxito, como lo describió hace cientos de años Aristóteles "Somos lo que hacemos repetidamente."

Una teoría similar es la que recomienda Malcom Gladwell, quien afirma que para ser experto en algo se requieren diez mil horas de práctica. O sea, ¿quieres lograr algo que para ti es importante? Practica, practica y practica cuantas veces puedas.

> *La práctica hace al maestro*

Y de eso no hay la menor duda. Lo he aprendido con el paso del tiempo al realizar mi trabajo como conferencista. Me siento muy halagado cuando me piden asesoría para realizar lo mismo que yo hago, situación que sucede con frecuencia. Yo les contesto que la clave es conocer por qué deseas hacerlo, identificar qué es lo que quieres compartir y sobre todo, practicar, practicar y practicar lo más que puedas.

Te confieso que este trabajo que tanto quiero no estaba en mi plan de vida, pero sí ayudar a la gente. Pensé que ser médico era la forma más factible para hacerlo y después aprendí que no era la única y que la mayoría de las enfermedades vienen de hábitos, costumbres y actitudes negativas que poco a poco afectan a la salud.

Ésa fue mi motivación principal y lo demás se fue dando. Empecé por estudiar calidad y productividad, tomar cuanto curso y diplomado podía sobre el tema de calidad en el servicio, liderazgo y actitud positiva, después compartí gratuitamente pláticas a médicos y enfermeras sobre lo importante que es la calidez para un servicio más efectivo. Más tarde extendí esto a través de seminarios de ocho y dieciséis horas que impartí a miles de personas en México y Sudamérica. Muchos de esos seminarios fueron sin remuneración alguna y con la misma pasión porque sabía que podía tocar vidas, lograr un efecto multiplicador para tratar al cliente de la manera adecuada, mejorar nuestras relaciones interpersonales y ser de esta forma más felices.

La pasión estaba, la capacitación también, las oportunidades fueron aprovechadas y la voluntad también, por supuesto. Pero sin lugar a dudas, el factor que más movió mi voluntad fue preguntarme *qué es lo que de verdad me motivaba*.

Entiendo y acepto que la fuerza de voluntad, unida al talento, puede lograr lo que creemos imposible, pero no siempre. Conozco gente muy capaz, con muchas ganas de lograr algo que considera importante pero no sucede nada. Gente con conocimientos suficientes, pero que no comparte su pasión porque su motivación es otra. Y, por otra parte, conozco gente con menos habilidades y poco talento, que llega a lo que se propone y se convierte en exitosa.

¿Qué es más fuerte, la fuerza de voluntad o tener una motivación? No es lo mismo. Hay quienes tienen mucha fuerza de voluntad, pero no saben qué los motiva.

¿Cuántas personas conoces que tienen mucha voluntad para bajar de peso, pero no logran llegar ni a la mitad de la meta y mucho menos mantenerse en un peso ideal? ¿O quienes desean fervientemente terminar una carrera? Tienen toda la voluntad y cuando la terminan se dan cuenta de que no es lo que deseaban o simplemente no les motiva.

La gran mayoría de personas que han comprado por voluntad propia aparatos para realizar ejercicio, porque vieron en la televisión que lo harían *con el mínimo esfuerzo, con sólo diez minutos al día y sin dieta alguna* ¿y qué sucede?, la voluntad estuvo presente los primeros días y después se convierten en percheros –muy caros por cierto– para la ropa.

Quiero decirte que no es tanto la fuerza de voluntad lo que hace que logremos lo que deseamos, sino otros dos factores a los que muchas veces no les damos la importancia debida.

La respuesta a este importante cuestionamiento la compartió Darren Hardy, autor de *El efecto compuesto*, quien en forma magistral me hizo ver la importancia de *tener* una motivación clara para el logro de objetivos.

El autor enfatiza en tener *objetivos muy claros* que nos motiven y *fomentar hábitos* que nos ayuden a lograr esos objetivos.

Con suficiente práctica y repetición cualquier comportamiento, bueno o malo, se convierte en automático después de un tiempo y por lo tanto nos lleva a cierto objetivo. Pero también es fundamental tener una motivación clara y que nos apasione para que la voluntad siga presente.

Esa motivación debe ser algo que te anime a levantarte y a perseverar una y otra vez durante años. ¿Qué es lo que más te motiva? Identificarlo es fundamental ya que despierta el entusiasmo, la pasión y la perseverancia.

En una conferencia, Hardy compartió un ejemplo interesante: *"Si pusiera un tablón de 25 centímetros de ancho y nueve metros de largo y te dijera: 'Si caminas por el tablón de un extremo a otro te doy veinte dólares', ¿lo harías? Por supuesto que sí, ya que es una forma muy sencilla de ganar dinero. Pero si utilizara ese mismo tablón para crear un puente entre dos edificios de cien pisos, ¿aceptarías hacerlo por los mismos veinte dólares? Tendrías que estar muy necesitado para aceptar esa cantidad por un riesgo tan grande; la motivación no es suficiente.*

Pero si tu hijo se encontrara en el edificio de enfrente y ese edificio estuviera en llamas, te aseguro que caminarías hasta el otro extremo del tablón sin pensarlo dos veces y te olvidarías de los veinte dólares."

Éste es el claro ejemplo de cómo una motivación puede llevarnos a la acción y lograr lo que deseamos.

De qué sirve decirte que comer pasteles engorda, ya que el beneficio inmediato de comerlo es más fuerte que lo que se logra con la abstinencia de comer alimentos poco saludables. Como el beneficio no se ve en forma inmediata y la satisfacción de comer algo rico en ese momento sí, sucumbimos ante la tentación que provoca lo rápido y sabroso.

Por lo anterior, es fundamental tener una motivación a mediano o corto plazo pero estar comprometido con eso y, entonces sí, la fuerza de voluntad se hará presente.

Esta misma motivación puede ser algo que no deseas o aborreces, por no decir que odias. Odiaría tener que depender de alguien para todo. Te aseguro que eso que no deseas te puede motivar a lograr lo que te propones, empezando por reservarte el derecho de admisión de lo que le das a tu cuerpo.

Si fumas, imagínate depender en tu tercera edad de un aparato de oxígeno para respirar y cargar con dicho tanque para cualquier lado. No subir unas cuantas escaleras por la terrible sensación de falta de aire debido a la dificultad que tienen tus muy dañados pulmones. ¿Te motiva este relato a dejar tan lamentable vicio? Puede ser que mueva tu voluntad, pero si verdaderamente no aborreces ese estilo de vida, seguirá en simple deseo.

César Lozano

> **Las motivaciones que hay en lo más profundo de nuestro corazón mueven nuestra voluntad, y si a todo esto le agregamos hábitos saludables, tu vida cambiará radicalmente.**

Te recuerdo que los estudios psicológicos más recientes revelan que 95 por ciento de lo que sentimos, pensamos, hacemos y logramos es el resultado de un hábito aprendido, y esas pequeñas acciones que se van acumulando al paso del tiempo pueden lograr grandes milagros.

Dentro de los fracasos que más tememos está el rechazo. Claro que el rechazo duele; un estudio realizado por la Universidad de Michigan ha descubierto que el cuerpo libera las mismas sustancias cuando sufres un rechazo social, que cuando te das un golpe. El sistema analgésico del cuerpo se activa durante un rechazo como si reaccionara frente a una agresión física.

Un día leí que cuando te rechazan no es hacia ti, sino a la idea que tienen de ti. Como este ejemplo:

Si alguien descubre un diamante de 300 quilates, único en la Tierra y debido a su ignorancia cree que es un simple trozo de cristal y lo tira. ¿Eso a quién pone en evidencia? ¿Al diamante o a la persona?

Cuando alguien desconocido te rechaza injustificadamente está poniendo en evidencia su poco conocimiento de lo que en realidad vales.

Si te rechaza alguien conocido y con quien convives constantemente, es momento de poner en movimiento tu autoestima y recordar que no podemos agradar y cumplir con todas las expectativas cambiantes de quienes nos rodean.

Tal vez no eres su mejor opción y tu vida no puede ni debe girar en torno a una persona y, además, el hecho de que no le agrades a una persona no significa que no seas bueno o buena y que sea una opinión general.

No te enganches, ya que ese rechazo puede significar que tus energías deben estar más orientadas a ti mismo y otras personas que te valoren más y no hayas detectado.

No hemos fracasado, simplemente hemos descubierto que no es por ahí. *¡La vida sigue!*

A DIOS ROGANDO...

Tuve una plática con un conocido que se quejaba amargamente de la situación en su trabajo. No se le valora, no se le respeta, el ambiente laboral es sumamente estresante, además de no llegar a las ventas requeridas para que exista un balance en la empresa, lo cual se refleja en el muy bajo salario que percibe. Comercializan un producto que se está convirtiendo en obsoleto porque existen mejores opciones en el mercado. Ésas y otras quejas más fueron expresadas en menos de cinco minutos.

> –*¿Desde cuándo están las cosas así?*–pregunté.
>
> –*¡Desde siempre, César!*
>
> –*¿Más de ocho años trabajando en un lugar donde no estás a gusto?*–pregunté.
>
> Su respuesta fue lo más impactante de la plática:
>
> –*Tú sabes que no hay oportunidades para personas de mi edad*–47 años.

Obvio, no me quedé con las ganas de preguntar si había buscado otras opciones laborales y su respuesta fue un rotundo *no* y agregó:

> –*Pero sé que Dios tiene planes para mí...*

Su respuesta me impactó, ya que no dudo que Dios tenga planes para cada uno de nosotros, que la fe hace milagros y que quien ora siempre tendrá una recompensa, pero por supuesto que también llegó a mi mente el siguiente dicho: "A Dios rogando y con el mazo dando."

¿A cuántas personas conoces que se quejan por su estado de salud pero no toman decisiones certeras para mejorarlo?

Mi abuela Consuelo y su hermana Débora acostumbraban a discutir quién de las dos era la que más enfermedades tenía y de ésas, cuál era la más grave. Una decía que tenía un dolor de cabeza que con nada se le quitaba y la otra decía que las piernas le quemaban.

Una le aseguraba a la otra que su dolor no lo aguantaría ella jamás y ésta le contestaba que el dolor de las piernas jamás le permitiría caminar ni unos metros, ni vivir en paz.

En su rosario diario ambas pedían a Dios que las curara de esos y otros innumerables achaques, pero ninguna tomaba la decisión de seguir las recomendaciones más importantes que sus médicos les daban: cambiar hábitos, bajar de peso y comer saludablemente, acciones que más beneficios podrían traer a la salud de las dos.

A Dios rogando y con el mazo dando, se aplicaría también a quienes desean vivir muchos años y no están dispuestos a dejar el tabaco o a disminuir el consumo de alcohol; a quienes piden a Dios que los hijos ingratos, que les envió a su custodia, cambien y sean mejores, pero ellos mismos están inmersos en un círculo de corajes, reclamos y castigos que en nada beneficia, al contrario, incrementa los problemas. Esta situación sería muy diferente si se aplicara con los hijos la cultura del diálogo, el reconocimiento a sus logros, fomentarles la cultura del amor y el respeto mediante límites y, sobre todo, cambiar la palabra *castigo* por *consecuencia* de sus acciones. Y ni qué decir de quienes desean que sus hijos sean más tolerantes y, ante la mínima provocación, estos padres se desesperan, les gritan, y los amenazan exigiéndoles a ellos que no griten y tomen las cosas con calma: "El burro hablando de orejas."

Se aplica este dicho a quienes desean tener mejores relaciones con los demás y piden al Ser Supremo fortaleza para sobrellevar relaciones basadas en el conflicto, olvidando que atraemos a nuestras vidas a las personas con base en los mensajes que directa o indirectamente enviamos con nuestras actitudes y palabras, y que nadie puede hacernos la vida imposible a menos de que lo permitamos.

A quienes desean tener una vida menos estresante por tantas deudas y suplican a Dios que se ganen la lotería, cuando raramente compran boleto, pero difícilmente analizan en qué están gastando o malgastando su dinero y olvidan el poder tan grande que tiene adquirir una mentalidad basada en la abundancia donde el dinero sea más una consecuencia que un fin.

Si deseas tanto como yo que los milagros sucedan te hago primero las siguientes tres recomendaciones:

1. Por supuesto que la fe hace milagros, pero siempre unida a la preparación constante, a la detección y al aprovechamiento de las oportunidades que se presentan a todos, y a la toma de decisiones oportunas y necesarias en los momentos adecuados.

2. Conocernos a fondo siempre será un buen principio para que las cosas sucedan. Analizar nuestras fortalezas, pero sobre todo creer en ellas. Identificar nuestras debilidades para sobrellevarlas y aceptar dentro de esas debilidades que la apatía, el miedo, la indiferencia y la inmovilidad son el principio de nuestra mala fortuna.

3. Difícilmente las oportunidades tocarán a nuestra puerta. Realicemos un plan diario de mejora de nuestra situación, un análisis a conciencia de lo que sí podemos hacer, intentando quitar tantas limitaciones que nuestra mente inventa, crea o agranda por los miedos que traemos de mucho tiempo atrás, o porque cierta gente, a quien no debemos compartir nuestros planes o proyectos, nos convence de que no podremos.

    Si eres uno de los miles de desempleados en el país, no caigas en el error que muchos cometen de estar en casa, paralizados por la situación en lugar de hacer un plan diario de colocación de solicitudes y entrevistas, sin desfallecer. Ése es tu trabajo actual.

Recordé a un amigo que aprecio mucho y que sigue desempleado desde hace seis años, pero no pide trabajo en ninguna parte. Sólo se lamenta de lo poco que lo valoraron en su último trabajo, al despedirlo injustificadamente a él y a tres compañeros con la misma antigüedad, los cuales, por cierto, ya trabajan en otras compañías.

Asimismo recuerdo a mujeres solteras que siguen rogando a Dios y a san Antonio (a quien tienen de cabeza desde hace veinte años) por un hombre con quien compartir su vida, pero no mejoran ni su aspecto, ni sus actitudes, ni sus pensamientos, ni mucho menos acuden a los lugares donde pueden encontrar a personas afines. Esperan a que toquen a su puerta y les propongan una relación formal. "Algún día llegará... ya verás...", "Matrimonio y mortaja del cielo bajan...." ¡Sí, cómo no!

Por supuesto que pido a Dios por todos mis deseos, proyectos, anhelos e ilusiones, pero siempre teniendo en mente que el presente es el mejor momento para concretar un mejor futuro. Haciendo lo que sí puedo y de la mejor manera, planeando pero no olvidando a quienes en este momento necesitan de mí. Deseando algo mejor y recordando que las relaciones, los actos y el servicio de calidad que otorguemos en el presente, SIEMPRE serán recompensados en el futuro.

No creo que merezcamos este México con tanta corrupción, inseguridad e impunidad, por eso sigo, según mis posibilidades, alzando la voz ante las injusticias y fomentando valores que puedan contrarrestar la presencia de tantos seres que son verdaderas lacras de nuestra sociedad.

Enganchado a la terquedad
¿Flexible o inflexible?

Platicando con un entrenador físico, entendí un concepto que es básico para la vida. Me cuestionó si practicaba ejercicio físico, le respondí que mi rutina de ejercicio diario inicia con un *leve calentamiento* de cinco minutos, en el que hago estiramientos y movimientos de todo el cuerpo para evitar daño en mis músculos, como esguinces o desgarros, posteriormente realizo 50 minutos de ejercicio aeróbico y veinte minutos más de otro tipo, como pesas.

La explicación que me brindó en relación con el poco tiempo que dedico para la flexibilidad me dejó convencido, no solamente por la relación con el buen funcionamiento del cuerpo, también por la comparación que podemos hacer con la vida diaria.

Primero, en cuanto a los músculos del cuerpo, los que ejercitamos y promovemos su flexibilidad por medio de estiramientos son los que más resisten movimientos abruptos, incluyendo una caída o accidente. ¿Por qué hay personas que ante la mínima presión se dañan las articulaciones y otros no? Tiene que ver con la fortaleza de sus huesos, pero también con la flexibilidad de sus músculos. Un cuerpo flexible es sinónimo de juventud y un cuerpo rígido es signo fehaciente de envejecimiento, muchas veces prematuro.

En un fenómeno natural como un huracán, los primeros que caen son los árboles más rígidos e inflexibles. En cambio, las plantas con tallos flexibles como las palmeras se doblan sin romperse ante la fuerza de los vientos y son las que suelen sobrevivir a la tragedia.

Asimismo, la flexibilidad nos da la posibilidad de adaptarnos mejor a todos los cambios y desafíos que la vida nos presenta. Una persona que se adapta a cambios es más flexible y también más *resiliente,* término que se refiere a la capacidad de sobreponerse a períodos de dolor emocional y situaciones adversas para de inmediato hacerse más fuerte. Cuando alguien es capaz de hacerlo, se dice que tiene una flexibilidad o resiliencia adecuada y se puede sobreponer a los contratiempos, incluso salir de ellos más fortalecido.

Esa capacidad de resistencia se prueba en situaciones de prolongado estrés, como el debido a la pérdida inesperada de un ser querido, al maltrato o abuso psíquico o físico, a prolongadas enfermedades temporales, al abandono afectivo, al fracaso, a las catástrofes naturales y a la pobreza extrema.

Los niños tienen una gran flexibilidad, lo cual se puede constatar en las múltiples caídas que sufren y la rápida regeneración de sus heridas, pero también en esa capacidad que tienen de adaptación ante situaciones extremas como el maltrato. Sin duda, el daño está presente en muchos de ellos, pero en otros no. Tuvieron la capacidad de adaptarse o de ser flexibles en condiciones adversas y ahora son adultos que no permiten ni fomentan el maltrato.

Esta misma flexibilidad se aplica en quienes tienen la capacidad de escuchar otros puntos de vista sin necesidad de engancharse o alterarse si van en contra del suyo, evitando ser dogmáticos y dejando claro que su verdad no es la única y absoluta.

> Flexibles son quienes no logran
> un objetivo determinado y,
> no obstante, jamás se dan por
> vencidos, buscando
> con esperanza otras alternativas.

Igualmente flexibles son quienes sufren una decepción amorosa, y por supuesto que les afecta, viven su duelo, lloran su pérdida pero no caen en el pozo de la depresión ni la lamentación constante; evitan generalizar la situación creyendo que todos los hombres o mujeres son iguales.

Gente flexible es quien evita juzgar con rigidez excesiva a los demás y a ellos mismos, comprendiendo que los errores son parte de la naturaleza humana.

Por el contrario, hay quienes caen en rigidez mental, creen que ya aprendieron todo lo que tenían que saber en su vida y se convierten en seres con hábitos repetitivos que evitan agregar nuevos aprendizajes que les ayuden a ser mejores y a disfrutar más la vida.

Ahora se sabe que las neuronas se pueden renovar durante toda la vida y que el cerebro puede regenerarse mediante la realización de nuevos aprendizajes que impliquen esfuerzo mental. A esto se le llama *neuroplasticidad,* consiste en modelar el cerebro por medio del aprendizaje de actividades nuevas o hábitos nuevos.

En relación con este tema, lo más impactante es lo descubierto por Richard Davidson, doctorado en Investigación de la Universidad de Harvard y uno de los expertos en *neuroplasticidad.* Él ha demostrado que las emociones como el amor, la compasión y la felicidad son habilidades que pueden ser aprendidas.

Se puede aprender a ser feliz siendo menos rígido y dejando fluir las actividades que tanto disfrutamos. Quienes hacemos lo que de verdad nos gusta, nos sorprendemos por las horas que pasamos trabajando y no las sentimos tanto como quienes no les agrada lo que hacen. Un pintor, un escultor, escritor o compositor que le apasiona su actividad no siente el paso del tiempo. Ésa es la verdadera motivación que lo hace feliz.

No siempre hacemos lo que nos gusta y en esas mismas circunstancias se puede aplicar la flexibilidad para ver qué cambios tenemos qué hacer para que nos agrade lo que hacemos o buscar otras alternativas.

Una vez más te pido que si no te agrada lo que haces y por el momento no te queda otra alternativa, busca qué hay dentro de ese trabajo que pueda ser un aliciente y, sobre todo, evita a toda costa la lamentación y la queja constante, ya que aviva el fuego de la decepción y atraes más motivos para seguir sufriendo en esa actividad que tanto te disgusta. *Empieza actuando y terminarás creyendo.* Actúa como si disfrutaras ese trabajo mientras preparas tu graciosa huida en búsqueda de mejores horizontes que te ayuden a la realización personal.

Recordé una frase de Winston Churchill relacionada con alguien pesimista o inflexible *versus* alguien optimista o flexible; la frase dice:

> **"El pesimista ve dificultad en cada oportunidad y el optimista ve oportunidad en cada dificultad."**

Enganchado al temor del final

El miedo que tenemos a la muerte es por no saber cómo, cuándo, dónde, por qué y, sobre todo, si dolerá. Creo que es algo natural, la dosis de incertidumbre siempre conlleva un resultado de ansiedad o temor.

Al momento que escribo este capítulo acabo de visitar a una querida amiga que libró la leucemia. Durante casi un año luchó contra esta enfermedad que logró vencer gracias a los tratamientos oportunos y también a sus inmensas ganas de vivir.

María Alicia tiene mi edad y años antes emigró de su natal Venezuela a República Dominicana por el inmenso dolor y coraje de ver cómo su país cambiaba debido al régimen de

Hugo Chávez y, posterior a la muerte de este presidente, la llegada de Nicolás Maduro, con la misma ideología que tanto transformó a este maravilloso país, ahora con carencias de productos básicos que jamás imaginaron padecer.

Desconozco el grado de su descontento, coraje o rencor, pero obvio que era considerable. Sigo encontrando una relación directa entre la enfermedad con sucesos previos que afectaron las emociones, y estoy convencido de que todas y cada una de las células que conforman nuestro cuerpo resienten esos cambios.

Después de esa lucha contra la leucemia, ahora se le presenta otra batalla: un linfoma en sus huesos. Obvio afecta el impacto de la noticia y el miedo inminente que representa sobre si podrá lidiar con esta nueva batalla.

El grupo de amigos, que desde hace más de veinte años nos conocimos por impartir conferencias en varios países, nos reunimos con ella para llenarla de abrazos y palabras de fortaleza ante este nuevo obstáculo que pone en riesgo su vida.

—*¡No es posible que dos veces me enferme de cáncer en un año!* –me expresó con lágrimas en sus ojos.

Me compartió su miedo a morir al recordar tantas historias similares de quienes lo padecieron y no pudieron contra esta enfermedad.

—*¿Y si el linfoma crece? ¿Y si se extiende a otros órganos? ¿Y si me muero?*

Más y más suposiciones expresaba sobre los diferentes escenarios que podría tener ante mi silencio que quise fuera un silencio de comprensión, solidaridad, cariño y aprecio, dejando que la presión de sus dudas saliera con el llanto y pudiera calmar su natural ansiedad. Entonces expresé:

—*¿Y si te curas? ¿Y si ahora que pidas la segunda opinión te dicen que no es lo que crees? ¿Y si sucede un milagro?*

Y agregué:

– ¿Y si eres de ese porcentaje de la población que se cura gracias al tratamiento, a la medicina alternativa, a la oración y a los milagros que tú sabes que suceden?

Acepto que sólo quien vive esta situación sabe el dolor y el miedo que la acompañan. Por más palabras de ánimo, fortaleza y fe que expresemos, sólo quien lo vive puede tomar la firme determinación de luchar con fe y esperanza, o dejarse llevar por lo desconocido y el miedo.

Ella ha decidido luchar y agregar una recomendación adicional que acordamos y que creo es fundamental para sobrellevar la crisis tremenda de incertidumbre: *¡Un día a la vez!* Lidiar con cada obstáculo que se presente a la vez y con la mejor actitud posible. Disfrutar y agradecer en lo posible cada día y evitar suponer o *futurizar* en forma negativa sobre lo que puede suceder, siempre pensando en el mejor escenario posible.

Le recordé las palabras de mi padre, quien padeció una enfermedad igual de grave y que por poco le costaba la vida:

> *"Si pienso en todo lo malo que me puede pasar, empiezo a morir desde este momento. Si pienso en todo lo bueno que puede suceder, empiezo a sentir paz en mi corazón y eso, ayuda en mi recuperación."*

El mismo optimismo de mi padre quise compartirlo con mi querida María Alicia. Tres días de risas, recuerdos y, sobre todo, tres días para planear nuestro próximo encuentro. Siempre tener cosas pendientes por hacer mueve la voluntad para que las cosas sucedan. En aquello que más pensamos, más poder le damos.

Mi madre en pleno estado de salud aparente hablaba sobre lo que creía que pudiera suceder en sus últimos días:

* "Dios quiera y no quede conectada a un respirador para vivir."
* "Si algo sirve de mí cuando muera, te pido que veas si se puede donar."
* "Me dolería mucho morir y ver que están peleados tú y tu hermano."
* "¡Dios quiera que me muera de repente! ¡Dormida! Que no me dé cuenta para no sufrir." Y otras frases más por el estilo.

El hecho es que mi madre tenía miedo a morir, como la mayoría de la gente. Ella me preguntaba si yo había tenido contacto con pacientes que habían muerto momentáneamente durante las maniobras de urgencia y si habían platicado algo al respecto.

Le contaba sobre los únicos dos pacientes que había tratado y me habían manifestado lo vivido, incluyendo el célebre túnel con una luz resplandeciente al finalizar que los atraía con mucha paz y del que, sin lugar a dudas, no deseaban regresar y, sin embargo, las maniobras tenían resultado y regresaban. Mi madre se maravillaba ante tales relatos y decía: "Entonces quien muere no sufre", y agregaba: "Si la muerte fuera mala Dios no la permitiría porque somos sus hijos amados."

Quién iba a decir que mi madre iba a experimentar algo similar en una cirugía de corazón abierto que se le practicó por una obstrucción de una arteria principal. Antes de la operación ella tenía una calma muy poco común, ya que siempre expresaba esa gran probabilidad que existía de quedar en la plancha, así le decía a la mesa de operaciones. Y más cuando el médico del Seguro Social le respondió afirmativamente a la constante pregunta que le hacía en relación con la posibilidad de morir: "Toda cirugía lleva su riesgo, doña Estela. La anestesia general lo es y más riesgo es operar el corazón."

¡Zas! El que busca encuentra. Al que pregunta, ¡se le responde!

Cuando escuché esa respuesta, me imaginé que mi madre iba a morir antes de la cirugía por el terror que le tenía a la muerte, pero no fue así.

Días y horas antes de la operación ella estaba en un estado de paz fuera de este mundo, sin ningún dejo de miedo y con una fe inquebrantable de que lo que sucediera lo aceptaba con la mejor actitud.

Después de las horas de operación y de los cuidados intensivos, manifestaba una paz impresionante que no era típica en ella. Mostró un cambio radical en su forma de ver la vida y de aceptar lo que no podía cambiar. No vio luz ni nada que se le pareciera, pero sentía la presencia de sus seres queridos que habían muerto.

He realizado programas de radio sobre el tema y el común denominador de quienes vivieron un trance similar es la misma paz y quietud que se vive –o se muere– en esos momentos. El túnel, los seres que nos antecedieron, la luz... Sólo sabremos eso cuando nos toque dar ese paso.

Ric Elias era uno de los pasajeros del vuelo 1549 de US Ariways el 15 de enero de 2009, que después de una falla, acuatizó en el río Hudson en Manhattan, en el cual gracias a la pericia y *capacidad* del piloto salvaron sus vidas pasajeros y tripulantes.

Él iba en el asiento 1D y escuchó un estruendo que no era natural, por la cercanía que tenía con los sobrecargos, sentados frente a él, les preguntó qué era ese ruido, recibiendo por respuesta que probablemente habían golpeado a unas aves.

En dos minutos ocurrieron tres cosas al mismo tiempo: el piloto se alineó al río Hudson, situación que no es normal en ese lugar, posteriormente se escuchó un silencio total, que sólo sucede cuando las turbinas no están en funcionamiento y luego las palabras del piloto *"Prepárense para el impacto."*

Recordó escenas de catástrofes aéreas, incluidos los acuatizajes donde el avión queda despedazado por el fuerte impacto con el agua que, como sabes, al caer de una altura considerable es como caer en superficie sólida.

Por mi trabajo viajo frecuentemente y con sólo imaginar esos momentos, me recorre un escalofrío por todo el cuerpo, ya que en un accidente aéreo la probabilidad de salir con vida es sumamente baja.

En YouTube puedes encontrar una breve charla donde Ric comparte esos terroríficos momentos ante un auditorio de casi 500 personas impactadas con su relato.

En sólo tres minutos que dura su charla, da una magistral lección de vida sobre los tres pensamientos que tuvo en esos momentos críticos:

1. **Todo cambia de un momento a otro.** Nadie, absolutamente nadie está exento a que su vida tome un giro inesperado que lo haga pensar que todo ha terminado y cuestionarse qué ha hecho o dejado de hacer. ¿Qué tan expresivos hemos sido con la gente que consideramos importante?, ¿qué tanto disfrutamos la vida? Y, ¿qué experiencias hubiéramos querido tener y no tuvimos?

   Mientras él veía por la ventanilla cómo sorteaba el avión el puente George Washington, tuvo el segundo pensamiento...

2. **¿Cuántas veces le di lugar al ego?** Y por ese ego nos enganchamos en situaciones que no tienen sentido y discutimos por cosas que no importan con gente que sí importa. Nos quita un tiempo y energía valiosos que podríamos utilizarlos en forma más productiva.

   En ese momento decido eliminar la energía negativa que esto me provoca, y preguntarme ¿qué prefiero, tener la razón o ser feliz?

3. **Que la muerte no da temor.** Conforme más veía cómo nos aproximábamos al agua pensaba que no me quería ir, amo mi vida y me gustaría ver crecer a mis hijos. Pero no sentía temor.

Por increíble que parezca, el señor Ric Elias dice que en esos momentos que creyó que era el final, no sintió el temor que cualquiera podría imaginar. "Siempre he pensado que durante esos momentos en los que la certeza de perder la vida está vigente, el miedo me paralizaría totalmente y los nervios ocasionarían en mí un bloque total, pero no fue así."

Después de esas experiencias afirma que no ha vuelto a pelear más con su esposa y procura vivir intensamente cada momento.

La conclusión de su charla es contundente y conmovedora. *"Ustedes están volando, imaginen lo mismo"*, y por lo tanto pregúntense:

* ¿Qué cambiarías?
* ¿Qué modificarías en tus relaciones con los demás?
* ¿Qué harías o desearías haber hecho y no hiciste?
* Y, sobre todo, ¿cómo eliminarías la energía negativa fruto del ego desmedido por discutir situaciones sin importancia?

Nadie sabe cuándo será ese gran final, pero un día sucederá y muchos optamos por no hablar de la muerte por el miedo que conlleva o por el temor a lo desconocido, y sin embargo es lo único que tenemos asegurado.

Buen momento para detener nuestro andar e imaginar una situación similar para no esperar que llegue ese momento en el cual nos arrepentiremos de no haber vivido como hubiéramos deseado.

La vida no tendría sentido si no existiría un gran final y si ese final fuera algo malo, Dios no lo permitiría.

Duele más la incertidumbre que el hecho que nos quita la paz. Duele más no saber lo que nos espera, que llegar a lo que nos espera. Haz los cambios en este momento que aún puedes y llena tu vida de momentos memorables que te conviertan en una persona inolvidable y cuya vida sea digna de ser admirada a través del tiempo.

William Shakespeare decía:

"Siempre me siento feliz. ¿Sabes por qué? Porque no espero nada de nadie; esperar siempre duele. Los problemas no son eternos, siempre tienen solución, lo único que no se resuelve es la muerte. No permitas que nadie te insulte, te humille o te baje la autoestima. Los gritos son el alma de los cobardes, de los que no tienen razón. Siempre encontrarás gente que te quiera culpar de sus fracasos pero cada quien tiene lo que se merece. Hay que ser fuertes y levantarse de los tropiezos que nos pone la vida, para avisarnos que después de un túnel oscuro y lleno de soledad, vienen muchas cosas buenas. *No hay mal que por bien no venga*, por eso disfruta la vida, que es muy corta, por eso ámala, sé feliz y siempre sonríe. Sólo vive intensamente para ti y por ti. Recuerda: antes de discutir, respira; antes de hablar, escucha; antes de escribir, piensa; antes de herir, siente; antes de rendirte, intenta; antes de morir, vive.

La mejor relación no es la que une a personas perfectas, sino aquélla en que cada individuo aprende a vivir con los defectos de los demás y admirar sus cualidades. Quien no valora lo que tiene, algún día se lamentará por haberlo perdido; y quien hace mal, algún día recibirá su merecido.

Si quieres ser feliz haz feliz a alguien; si quieres recibir, da un poco de ti, rodéate de buenas personas y sé una de ellas. Recuerda, a veces de quien menos esperas es quien te hará vivir buenas experiencias. Nunca arruines tu presente por un pasado que no tiene futuro. Una persona fuerte sabe cómo mantener en orden su vida, aún con lágrimas en los ojos se las arregla para decir con una sonrisa: *'Estoy bien'*."

No te enganches al miedo a la muerte porque la vida es corta y desperdiciarías el tiempo que te queda; con engancharte impedirás la llegada de muchas bendiciones que están deparadas para ti.

No te enganches al miedo del final porque no podrás disfrutar el sendero que conforma tu existencia y deja que Dios, con su infinita misericordia, marque el día, la hora y la forma, tú sólo acepta el maravilloso regalo que es vivir.

No te enganches *#TodoPasa*, porque
para quienes tenemos fe
¡lo bueno siempre está por venir!

No te enganches #TodoPasa, de César Lozano
se terminó de imprimir en abril de 2016
en los talleres de
Impresora Tauro S.A. de C.V.
Av. Plutarco Elías Calles 396, col. Los Reyes,
Ciudad de México